WESTEND

»Komm, geh mit angeln,
sagt der Fischer zum Wurm.«

Bertolt Brecht, *Mutter Courage und ihre Kinder*

© Alex Kempf

Stephan Hebel, langjähriger Redakteur der *Frankfurter Rundschau* und politischer Autor, ist seit zwei Jahrzehnten Leitartikler und Kommentator. Er schreibt unter anderem auch für die *Berliner Zeitung* sowie für Deutschlandradio, *Freitag*, *Publik Forum* und weitere Medien. Er ist zudem regelmäßiger Gast im »Presseclub« der ARD und ständiges Mitglied in der Jury für das »Unwort des Jahres«.

Stephan Hebel

MUTTER BLAMAGE

Warum die Nation Angela Merkel und ihre Politik nicht braucht

WESTEND

Mehr über unsere Autoren und Bücher:
www.westendverlag.de

Die Deutsche Nationalbibliothek verzeichnet diese
Publikation in der Deutschen Nationalbibliografie;
detaillierte bibliografische Daten sind im Internet über
http://dnb.d-nb.de abrufbar.

Das Werk einschließlich aller seiner Teile ist urheberrechtlich
geschützt. Jede Verwertung ist ohne Zustimmung des Verlags
unzulässig. Das gilt insbesondere für Vervielfältigungen,
Übersetzungen, Mikroverfilmungen und die Einspeicherung
und Verarbeitung in elektronischen Systemen.

ISBN 978-3-86489-021-5
© Westend Verlag GmbH, Frankfurt/Main 2013
Umschlaggestaltung: Buchgut, Berlin
Umschlagabbildung: ullstein bild – Boness/IPON
Satz: Publikations Atelier, Dreieich
Druck und Bindung: CPI – Clausen & Bosse, Leck
Printed in Germany

Inhalt

Vorwort 7

Merkels Märchen 10
    Die Fassadenmalerin 12
    Reine Leere: Prinzipienlosigkeit als Prinzip 14
    Nützlicher Irrtum: Die Krise und das Märchen von der
    Inhaltslosigkeit 22
    Starker Auftritt: Die Frau ohne Nerven 26
    Technik der Macht: Rücksichtslos nach allen Seiten 29

Mit falscher Münze: Merkel und der Euro 35
    Harte Währung auf weichem Grund 39
    Die Schulden der anderen 51

Merkel, die märkische Marktfrau 66
    Leere Versprechungen 73
    Schneller in die nächste Krise 77
    Bankenrettung zum Sonderpreis 80

Wer hat, dem wird gegeben 87
    Atomausstieg: Wende ohne Energie 87
    Wirtschaft: Geschenke erhalten die Freundschaft 93
    Arbeit: Die Jobwunder-Lüge 102
    Rente und Co.: Rückwärts zur Reform 109

Wir Untertanen 114
Sicherheit: Bürger unter Verdacht 114
Asyl und Integration: Guter Fremder, böser Fremder 118
Außenpolitik: Missbrauchte Menschenrechte 122
Demokratie: Immer schön volksam 126

Die andere Mehrheit 130
Alternative ohne Chance? 131
Reformbündnis Rot-Grün-Rot 133
Ein neuer Weg zur neuen Regierung 136

Anmerkungen 139

Vorwort

Wenn der Grieche wackelt und der Euro wankt, geht es uns allen ein bisschen schlecht. Nicht, dass wir gleich ärmer würden, jedenfalls nicht jeder – Deutschland steht ja, wie es scheint, so mies gar nicht da! Aber mulmig wird einem schon, wenn ein EU-Gipfel den nächsten jagt und kein Mensch mehr versteht, wer all die teuren Rettungspakete bezahlt. Oft höre ich dann von Freunden und Bekannten ein erleichtertes Seufzen: »Die Merkel, die macht das doch gar nicht so schlecht.«

Einerseits: Ich verstehe, was gemeint ist. Wir in Deutschland kommen noch ganz gut über die Runden, und wenn nicht, dann ist es wenigstens nicht so schlimm wie in Griechenland. Im Fernsehen spricht zu uns eine persönlich bescheidene Frau, und sie sagt: Fürchtet euch nicht, ich halte den deutschen Laden schon zusammen.

Andererseits: Die Inszenierungen, die uns »Tagesschau« und »heute« jeden Abend zeigen, wirken auf mich zunehmend verlogen – auch und gerade, wenn es um die Kanzlerin geht. Als Journalist habe ich das Glück, mich hauptberuflich mit Politik zu befassen. Ich tue das nicht von Berlin aus, sondern von Frankfurt am Main. Ich habe noch nie im Kanzleramt Rotwein getrunken. Ich nehme nicht an den Hintergrundkreisen teil, in denen Politiker mal »ganz offen« reden – vorausgesetzt, die anwesenden Journalisten behalten das Gehörte für sich.

Ich meide den von Politikern und Medienkollegen bevölkerten Kontakthof, in dem die Inszenierungen des politischen Geschehens entstehen, weil mich die Distanzlosigkeit abschreckt, mit der sie einander oft begegnen. Ich versuche zu betrachten und zu bewerten, was Politiker tatsächlich tun, und vor allem, was es für die Mehrheit der Bevölkerung bedeutet. Und je länger ich das tue, desto stärker wird mein Eindruck: Das Bild, das sie von sich verbreiten und verbreiten lassen, hat mit ihrem Handeln wenig zu tun.

Das gilt ganz besonders für Angela Merkel. In mehr als zwei Jahrzehnten Politikbeobachtung habe ich niemals einen derart eklatanten Widerspruch erlebt zwischen dem Image einer politischen Persönlichkeit und ihrer tatsächlichen Politik. Nie ist es einem Politiker in Deutschland gelungen, derart konsequent auf Kosten der Mehrheit zu handeln und zugleich die Sympathie dieser Mehrheit zu gewinnen.

Dieses Buch möchte die öffentliche Selbstdarstellung von Angela Merkel mit ihrer Politik konfrontieren. Es möchte im Jahr der Bundestagswahl dem Image der Superkanzlerin sachliche Argumente entgegenstellen. Es möchte mit diesen Argumenten all jene bestärken, die sich schon jetzt unbehaglich fühlen angesichts der Schönrednerei, mit der uns die Kanzlerin und ihre Entourage in Wissenschaft oder Medien umgarnen. Es möchte für Alternativen werben zu einer Politik, die auf Dauer Deutschland ungerechter macht und die gemeinsame Zukunft Europas verspielt.

Bertolt Brecht schrieb sein Theaterstück *Mutter Courage und ihre Kinder* 1938/39 im schwedischen Exil. Es spielt im Jahre 1624, während des Dreißigjährigen Kriegs. Wie man sieht, hat all das mit Angela Merkel wenig zu tun. Aber Brechts Titelfigur Anna Fierling, genannt Mutter Courage, zeigt sich auf höchst aktuelle Weise immun gegen falsche Versprechungen. Der Werber, der ihren Sohn zum Militär und damit in den sicheren Tod locken soll, verspricht »eine schöne Kappe und Stulpenstiefel«. Die mutige Mutter aber durchschaut das Spiel und übersetzt die Versprechungen des Werbers in unmissverständlichen Klartext: »Komm, geh mit angeln, sagt der Fischer zum Wurm.«

Angela Merkel lockt uns nicht in den sicheren Tod, das nicht. Aber zu unserem Vorteil wird es nicht sein, wenn wir ihren Versprechungen glauben – und dabei den Wurm spielen, während sie mit uns angeln geht und uns vor aller Welt blamiert. Deshalb habe ich dieses Buch geschrieben.

Ich bedanke mich von ganzem Herzen bei meiner Frau Tanja Kokoska, die mich bei der Arbeit bestärkt, animiert, beraten und – noch viel wichtiger – mit unendlich liebevoller Zuwendung begleitet hat.

Ich danke meinem Sohn Jakob Raue, dessen freundlicher Blick auf mich und meine Arbeit mich immer wieder stärkt.

Ich danke meinen Eltern und Geschwistern für großes Interesse und wertvolle Hinweise.

Ich danke vielen Freundinnen und Freunden – ganz besonders Lia Venn, Thomas Stillbauer, Thomas Gebauer, Jörg Schindler, Karin Ceballos Betancur, Karin Deckenbach, Andreas Werner, Dieter Hummel und Jürgen Metkemeyer– für wundervolle und anregende Gespräche nicht nur über Angela Merkel.

Ich danke den zahllosen Kolleginnen und Kollegen, die die Redaktion der *Frankfurter Rundschau* für mich zum anregenden Umfeld und zur journalistischen Heimat gemacht haben – stellvertretend für alle den Chefredakteuren Wolfgang Storz und Arnd Festerling.

Sehr herzlich danke ich Rüdiger Grünhagen und dem ganzen Team vom Westend Verlag für die Begeisterung und das Engagement, mit denen sie mein kleines Projekt verwirklicht haben, und für ein hervorragendes Lektorat.

Frankfurt am Main, im Januar 2013

Stephan Hebel

Merkels Märchen

Blamage? Wieso Blamage? Angela Merkel war auch zu Beginn des Wahljahrs 2013 noch die beliebteste Politikerin Deutschlands. In vielen Medienberichten begegnet sie uns nach sieben Jahren Kanzlerschaft als wenig charismatische, kaum von Prinzipien geleitete, aber umsichtig und pragmatisch handelnde Mutter der Nation. Als nervenstarke Krisenmanagerin und Garantin einer maßvollen Reformpolitik für alle.

Das Erstaunliche ist, dass so viele Menschen diese Legende glauben. Dass sie die Politik der Kanzlerin für keineswegs blamabel halten, sondern für ausgewogen und klug. Dagegen wendet sich die zentrale These dieses Buches: Angela Merkel verdankt ihren Erfolg einem permanenten Betrugsmanöver. Sie hat, auch wenn es nicht so scheint, sehr wohl eine politische Agenda. Und die ist blamabel für Deutschland.

Blamierte Angela Merkel sich selbst, dann wäre das noch zu ertragen. Aber das tut sie nicht: Sie agiert souverän und zielstrebig wie kaum jemand sonst in der politischen Arena. Auch vor jenen, die an Politikern vor allem das Gespür für Macht bewundern, blamiert sie sich nicht. Und genauso wenig vor denen, in deren Interesse sie vor allem handelt: den Mächtigen in Finanzwirtschaft und Industrie. Angela Merkel blamiert »nur« das Land, das sie regiert. Denn hinter einer verschwurbelten Rhetorik der Richtungslosigkeit verbirgt sich eine gar nicht richtungslose Politik, die Deutschland und Europa auf Dauer schadet.

Das wichtigste Requisit dieser Kanzlerin ist die Tarnkappe. Es scheint, als ordne sie dem Machterhalt jede Überzeugung unter (Fans sprechen lieber von »Pragmatismus«). Hier macht ihr niemand etwas vor, sie ist eine brillante Handwerkerin der Macht. Was dem Machterhalt dient, wird dafür genutzt, ob es nun angemessen konservativ wirkt oder nicht: Hat sie nicht am Ende doch die Banken reguliert? Ist die Wehrpflicht nicht abgeschafft? Durfte Ursula von der Leyen als Familienministerin etwa nicht das Erziehungsgeld einführen, Vätermonate eingeschlossen? Redet die Kanzlerin nicht selbst vom Mindestlohn? Und wer, bitte, hat die Energiewende ausgerufen?

Auf den ersten Blick haben Kritiker wie Bewunderer zumindest in einer Hinsicht recht: Aus Merkels Worten irgendetwas Programmatisches abzuleiten, ist oft schwerer, als den berühmten Pudding an die Wand zu nageln. Sie ist Regisseurin und Hauptdarstellerin in einem »Für-jeden-etwas«-Theater der besonderen Art.

Auf den zweiten Blick aber zeigt sich: Sowohl die untertänigen Lobredner und -schreiber als auch die konservativen Kritiker (und erst recht diejenigen, die erst das eine waren und dann das andere) sind der Kanzlerin auf den Leim gegangen. Diese Frau betreibt sehr wohl ein politisches, von klaren ideologischen Wegweisern bestimmtes Projekt. Sie ist allerdings nicht die Kanzlerin für alle, wie ihre Rhetorik uns vorzugaukeln versucht. Sondern sie ist die Kanzlerin des Neoliberalismus. Eine Regierungschefin, die sich ihrerseits regieren lässt von den Interessen der Wirtschaft und des Finanzkapitals.

Diesen Interessen ordnet sie alles andere unter. Selbst ihre Zugeständnisse an Sozialreformer und Modernisierer dienen einzig dem Zweck, die Freiheit »der Märkte« und ihrer Akteure im Kern zu wahren. Die »sozialdemokratischen« und »grünen« Elemente Merkel'scher Politik erweisen sich als taktische Rückzüge mit dem Ziel, unter Vortäuschung falscher Tatsachen auch jenseits des konservativen Spektrums Mehrheiten zu gewinnen. An der generellen Richtung ändern sie nichts.

So erweist sich die Vorstellung, Merkel repräsentiere die Deutschen nach außen ganz gut und richte nach innen wenigstens keinen Schaden an, als gefährlicher Irrtum: Diese Frau hat Deutschland ihren Stempel aufgedrückt, und wir haben es nicht einmal gemerkt. Der Abdruck dieses Stempels ist es, der sie und ihre »Landeskinder« blamiert: Mit der angeblich »mächtigsten Frau der Welt« ist Deutschland aggressiver geworden, nach außen für Freund und Feind unberechenbarer denn je seit dem Zweiten Weltkrieg, nach innen ungerechter und reformunfähiger als sogar unter der bleischweren Regentschaft des Helmut Kohl.

Angela Merkel hinterlässt – sollte sie 2013 endlich abgewählt werden – ein Land im Reformstau. Ein Land, das sich auf Kosten anderer in kleinkariert nationaler Interessenpolitik ergeht und sich damit selbst schadet. Ein Land, in dem die Ungerechtigkeit wächst und die Schere zwischen Arm und Reich sich immer weiter öffnet. Ein Land, das Millionen seiner Bürger in die Armut treibt, mit Arbeit oder ohne. Ein Land, das wichtig tut und ständig an Gewicht verliert. Ein Land, in dem der Souverän – das Volk und »sein« Parlament – systematisch entmachtet wird. Ein Land, in dem die Politik sich selbst zur Erfüllungsgehilfin ökonomischer Interessen degradiert.

Die Fassadenmalerin

Ihren eigentlichen Zielen gibt Angela Merkel, die Unverbindliche, in der Regel weder Namen noch Gesicht, und deshalb glaubt ganz Deutschland, eine Agenda gäbe es nicht. Die einen freuen sich, weil die Chamäleon-Kanzlerin immer mal wieder die Farbe annimmt, die ihnen gefällt. Die anderen ärgern sich, weil sie es gern noch ein bisschen konservativer oder wirtschaftsliberaler hätten oder jedenfalls irgendwie programmatisch und schon gar nicht mit diesem gelegentlichen Anflug »sozialdemokratischer« Neigungen.

Für Linke und Anhänger der Sozialdemokraten gibt es – zum Ärger der traditionell Konservativen – ein paar Worte über die eventuell vorhandene Notwendigkeit von Mindestlöhnen, und Ursula von der Leyen darf, nun als Arbeitsministerin, so tun, als sei sie die Retterin der armen Rentner. Grüne und Ökologen bekommen etwas, das den Namen »Energiewende« trägt – wiederum zum Ärger der Altkonservativen, die die Kehrtwende der Ex-Atomfreundin nicht verstehen. Zum Ausgleich darf sich jeder CDU-Parteitag nach alter konservativer Sitte gegen allzu viele Rechte für Homosexuelle sowie gegen Datenschützer und Liberalität in der Strafverfolgung positionieren.

Allerdings: Hinter der vermeintlich unideologischen, pragmatischen Attitüde versteckt sich der wahre Kern des Merkel'schen Programms. Es ist ein »Wirtschaftsliberalismus light«. »Light« nicht in seinem ideologischen Kern – der ist eher hart –, sondern nur in seiner Geschmeidigkeit, wenn es um die Durchsetzung der wichtigsten Ziele geht, zum Beispiel die Sicherung der deutschen Vorherrschaft in Europa oder den Abbau der solidarischen Sozialsysteme. Dieses Programm kennt keine ideologischen, sondern nur taktische Grenzen: Nach außen verkauft die »Kanzlerin aller Deutschen« ihr Handeln als »Politik für alle« und sich selbst als Inkarnation der bürgerlich-liberalen »Mitte«. Doch hinter dieser Fassade folgt sie weitgehend dem Programm der Banken und Konzerne. Die vielbeschworene »Modernisierung« der CDU erfüllt kaum mehr als den Zweck, diese Abhängigkeit zu kaschieren.

»Modern« wird die Partei entweder dort, wo auch die Wirtschaft inzwischen nach Modernisierung ruft – zum Beispiel bei der Vereinbarkeit von Familie und Beruf. Oder sie macht Zugeständnisse dort, wo der gesellschaftliche Druck die Macht zu gefährden beginnt – zum Beispiel bei der Energiewende oder beim Mindestlohn. Dann allerdings tut sie nur das, was unbedingt notwendig ist, um die Konkurrenz in Schach und den Druck auf die Wirtschaft so gering wie möglich zu halten: Wenn schon die Forderung nach Mindestlöhnen zu populär ist, um sie zu ignorieren, dann werden die Unternehmen lieber Merkels Light-Version[1] akzeptieren als ein echtes gesetzliches Minimum unter einem Kanzler von der SPD. Und wenn schon Energiewende, dann lieber mit milliardenschwerer Entlastung der stromfressenden Industrie als ein Umstieg mit fairer Verteilung der Lasten.

Reine Leere: Prinzipienlosigkeit als Prinzip

Vor allem aus dem konservativen Lager kommt Kritik an dieser Geschmeidigkeit. Da heißt es, die CDU-Vorsitzende habe ihren Kompass verloren, und voller Trauer wird erinnert an die Zeit, als sie noch – etwa 2003 auf dem berühmten Leipziger Parteitag oder im Wahlkampf 2005 – das neoliberale Programm in Reinkultur predigte. Melancholisch wird der »Mut« beschworen, mit dem Merkel sich an die neoliberale »Modernisierung« der Republik gemacht habe. Und mit nostalgischem Unterton werden Sätze zitiert wie dieser aus dem Beschluss des Leipziger Parteitags von 2003: »Immer wieder hat die CDU in der Geschichte der Bundesrepublik den Mut gehabt, die Weichen auch gegen Widerstände neu zu stellen, weil sie die Herausforderungen der Zeit angenommen hat. Zu dieser Verantwortung bekennt sich die CDU auch jetzt.«[2]

Ganz mutig beschloss Merkels Partei damals »den Befreiungsschlag«, von dem die Vorsitzende bei ihrer Leipziger Parteitagsrede sprach.[3] Die CDU forderte die Umstellung der Krankenversicherung auf eine »Kopfprämie«, die nicht mehr mit dem Einkommen steigen, sondern für alle gleich sein sollte[4] – also den Anfang vom Ende des Solidarprinzips in der Sozialversicherung. Sie beschloss ein neues Steuersystem mit nur noch drei Sätzen von 12, 24 und 36 Prozent[5], womit sie Gerhard Schröders fatale Entlastungspolitik für Spitzenverdiener noch unterbot (Rot-Grün senkte Anfang 2005 den Spitzensteuersatz von 53 auf 42 Prozent). Und sie beschloss, das umlagefinanzierte Rentensystem »wo immer möglich durch ein kapitalstockgestütztes System zu ergänzen«[6] – also eine Strategie, die die Auslieferung künftiger Rentner an die Finanzmärkte zum Prinzip erhob.

Die CDU-Vorsitzende gab bei diesem Parteitag ein schönes Beispiel für die geistige, ja sogar sprachliche Hegemonie des blühenden Neoliberalismus: »Wer (…) so viel verspricht und so wenig hält wie Rot-Grün, der zerstört jede Glaubwürdigkeit«, sagte sie. »Die Bürger müssen vielmehr die Perspektive haben, dass das, was ihnen an Reformen vom Staat zugemutet wird, sich für sie auch auszahlt. Nicht unbedingt schon heute oder morgen. Aber am Ende des Weges.«[7] Vor dem Siegeszug des Neoliberalismus verstand man unter »Reform« ein Projekt, das die Lebenssituation möglichst vieler Menschen verbessert. Nun stand »Reform« für Verschlechterungen, die den Menschen »zugemutet« werden – mit dem vagen Versprechen, dass sich das Ganze »auch auszahlt«, und zwar irgendwann »am Ende des Weges«. Es gehört zu den herausragenden Erfolgen des Marktfundamentalismus und seiner publizistischen Hilfstruppen von *Bild* und *Zeit* bis zu Hans-Werner Sinn, diese Ideologie bis in den allgemeinen Sprachgebrauch hinein verbreitet zu haben. Angela Merkel war – beim Parteitag 2003 und dann im Wahlkampf 2005 – eine der begeisterten Anhängerinnen dieser Ideologie. Und dieses eine Mal in ihrer politischen Karriere, diesen einen Wahlkampf lang, bekannte sie sich sogar dazu.

Das hat sich, zum Leidwesen der konservativen Kritiker, seitdem geändert. CDU und CSU schafften es 2005 mit der radikalen Variante neoliberaler Politik nicht zum erwarteten großen Sieg, sondern landeten in der großen Koalition. Das Ergebnis der Union war mit 35,2 Prozent enttäuschend ausgefallen, auch wenn es Merkel ins Kanzleramt brachte. Die SPD, obwohl zerrissen durch die neoliberale Agendapolitik ihres Kanzlers Gerhard Schröder, landete nur einen Punkt dahinter. Das muss der Moment gewesen sein, in dem die CDU-Vorsitzende beschloss, ihren ideologischen Kompass künftig hinter einer in milden Farben getünchten Fassade zu verbergen. Damit begann die Chamäleonisierung der neuen Kanzlerin. Genauer: ihrer Rhetorik. Von nun an tat Angela Merkel alles, um sich als »Kanzlerin für alle«, als über den Parteien schwebende Instanz zu inszenieren, bei der auch für sozialdemokratisch oder grün gesinnte Wähler mal etwas abfallen konnte.

Als die Kanzlerin 2006 auf dem Parteitag in Dresden das erste Jahr ihrer Regierungszeit mit der SPD bilanzierte, war von »Befreiungsschlag« keine Rede mehr. Geboren war Angela Merkel, die Rhetorikerin der Bescheidenheit: »Es gibt nicht die eine Großmaßnahme. Manchmal habe ich den Eindruck, manche warten auf eine Art Urknall, dann werde wieder alles gut. Das gibt es nicht, das ist Träumerei und hat mit realer Politik nichts zu tun.(...) Wir gehen viele kleine Schritte in die richtige Richtung.«[8]

Geboren war auch die Strategie der begrenzten gesellschaftlichen Modernisierung. Merkel hatte erkannt, dass die unterentwickelte öffentliche Kinderbetreuung in Deutschland auch für ihre Freunde in der Wirtschaft zum Problem zu werden begann, weil sie die Frauen nun bald auf dem Arbeitsmarkt benötigen würden. Also stimmte sie ihre Partei auf eine Relativierung des konservativen Familienbildes ein – wohl wissend, dass ihr die Aura der Modernisiererin bei künftigen Wahlen nur würde helfen können: »Es bleibt richtig: Die Familie ist und bleibt der beste Ort der Erziehung. Alle Betreuungs- und Bildungsangebote bleiben Angebote. Der Staat kann niemals die nahe und persönliche Aufmerksamkeit einer Familie ersetzen«, lautete das kleine Vorwort zur Beruhigung der Basis. Aber dann: »Ebenso richtig bleibt aber auch, dass nicht immer das Rezept gilt: Privat geht vor Staat. Der Staat muss sich heute (…) stärker engagieren. Daran führt kein Weg vorbei.«[9] Und für alle, die nicht so schnell mitkamen beim Modernisieren, gab es am Ende noch ein Betreuungsgeld.

Die rhetorische Abkehr von der harten Variante des Neoliberalismus genügte, um die Fans der »Leipziger« Angela Merkel nachhaltig zu enttäuschen. Entsprechend fielen in den Jahren danach die Kritiken aus dieser Ecke aus. Die Publizistin Gertrud Höhler nutzte ihr auflagenträchtiges, wenn auch historisch nicht verbürgtes Label »ehemalige Kanzlerberaterin bei Helmut Kohl«, um ein dickes Buch über Merkel, die »Patin«, zu schreiben.[10] Eine endlose Klage über die »Sozialdemokratisierung« der CDU[11], über die Zerstörung der »christlichen« und »liberalen« (sprich: wirtschaftsliberalen) Werte der Partei durch eine Kanzlerin, die nichts im Kopf habe als Macht. Wobei sich Höhler nicht einmal scheut, Merkels Verhalten in eine direkte Linie zur SED-Diktatur zu stellen: »In der DDR hat sie studiert, dass die Selbstinszenierung der Macht jede Qualifikation überdeckt und ersetzt.«[12] Das ist eine Gleichsetzung mit der Vorgehensweise eines diktatorischen Regimes, die selbst einer Angela Merkel nicht gerecht wird.

Noch schlimmer aber ist der geradezu antipolitische Ansatz dieser Art von Kanzlerinnenliteratur: Bei Gertrud Höhler wird die Politik, die die Vorsitzende mit ihrer Partei betreibt, zum ausschließlichen Ausdruck einer individuellen, persönlichen Biografie und des Charakters, der daraus entstand – das klassische Muster der Personalisierung und damit Trivialisierung von Politik.[13] Dass hinter dem wütenden Blick auf die Person die ideologischen und politischen Linien des Merkel'schen Handelns gar nicht mehr auftauchen – ja, dass sogar deren Fehlen wortreich betrauert wird –, das dürfte die CDU-Vorsitzende sehr gefreut haben. Denn am Ende kommt auch diese Kritik noch ihrer Strategie entgegen, die Leitlinien ihrer Politik, die in Wahrheit keineswegs verschwunden sind, vor der breiten Öffentlichkeit zu verbergen.

Im Prinzip spricht nichts dagegen, bei der Motivforschung auch biografische Sachverhalte einzubeziehen – zumal dann, wenn die Autorin wie hier einen personenbezogenen Ansatz wählt. Das hat zum Beispiel eine wesentlich frühere Biografin, Jacqueline Boysen, bereits 2001 getan – allerdings auf differenzierte und seriöse Weise. Sie ist anders als Gertrud Höhler der Versuchung entgangen, so zu tun, als entspringe öffentliches Wirken nur persönlichen Charaktereigenschaften und nicht Ideologien und Interessen.

Boysen kommt der schwer greifbaren, aber in ihren ideologischen Grundüberzeugungen unerschütterlichen Person Merkel wesentlich näher als Gertrud Höhler, wenn sie schreibt: »Die Seiteneinsteigerin ist grundsätzlich unabhängiger als andere, weil sie sich stets der totalen Integration in ein enges Lebensumfeld widersetzt hatte. (…) Seit ihrer Kindheit auf dem Waldhof in Templin ist Angela Merkel daran gewöhnt, immer ein wenig fremd zu bleiben, Distanz zu wahren oder wahren zu müssen. Sie ließ sich mitziehen, passte sich gegebenenfalls der Umwelt auch mit einem Teil Opportunismus an, aber immer erhielt sie sich sorgsam einen Rest von Eigenständigkeit. So schützte sich die Pastorentochter und so ›überwinterte‹ die Physikerin mit ihren Überzeugungen im staatlichen Elfenbeinturm der Akademie der Wissenschaften.«[14]

Es ist durchaus nachvollziehbar, wenn Boysen auch das irritierende Außenseitertum der Nachwendepolitikerin Merkel aus diesen Erfahrungen ableitet: »So wie sie sich jetzt präsentiert, steht Angela Merkel ihrer Partei vor, aber sie steht nicht in ihr.«[15] Der Neueinsteigerin aus dem Osten ging und geht es nicht um »politische Heimat« in einer Partei, deren Werte sie teilt. Es geht um Formung und Nutzung dieser Partei für die Zwecke der Agenda Merkel.

Welche das ist? Auch hier war Biografin Boysen schon 2001 auf der Spur, die sich in den folgenden Jahren leider als die richtige erweisen sollte: »Wohl hatte sie sich einst mit der konservativen Position der Ablehnung von Schwangerschaftsabbrüchen schwer getan, auch schien sie mit ihrem Vorstoß für eine Ökosteuer in die ›linke Ecke‹ der Union zu passen – aber dies waren ihr keine politischen Herzensangelegenheiten. Von einer ›Parteilinken‹ wäre nicht zuletzt ein sozialpolitisches Engagement zu erwarten gewesen, doch Angela Merkel ließ eher den Hang zur Liberalisierung der Sozialen Marktwirtschaft erkennen.«[16]

Angesichts dieser treffenden Beobachtung liegt eine weitere Vermutung nahe, die in der Merkologie bei Anhängern wie Kritikern bisher erstaunlich kurz gekommen ist: Nicht die in der Diktatur gelernten Anpassungs- und Vermeidungsmechanismen dürften für Merkel und andere prägend gewesen sein, jedenfalls nicht allein. Der Kapitalismus war für einen großen Teil der DDR-Bürger vor allem eine erstrebenswerte, jedenfalls aber die bessere Alternative. Der simple Zusammenhang zwischen Wirtschaftsfreiheit und Wohlstand, den der Marktliberalismus suggeriert, schien aus ihrer Perspektive im Westen Wirklichkeit geworden zu sein. Staatliche »Sozialpolitik« hatten sie in ihrem Land hingegen als allgegenwärtige Bevormundung erlebt, allenfalls als Mittel zur Ruhigstellung der Massen. Und die lauteste Kritik am Kapitalismus kam in der DDR genau von denjenigen, denen man wenn schon nicht Widerstand leistete, so doch ganz sicher auch keinen Glauben schenkte: von den Funktionären der herrschenden Parteidiktatur.

So bildete sich bei politisch aktiven ehemaligen DDR-Bürgern gelegentlich ein Freiheitsbegriff heraus, der das eigene Erleben des bevormundenden und einengenden Staates auf die demokratischeren Verhältnisse des Westens übertrug: staatliche Regulierung, Umverteilung und Eingreifen in den Markt – all das stand unter Verdacht, zu all dem zu führen, wovon man gerade befreit worden war. Wer Bundespräsident Joachim Gauck von Freiheit reden hört, weiß, was gemeint ist – auch wenn der Präsident in Lernwille und Lernfähigkeit einer Angela Merkel haushoch überlegen zu sein scheint.

Die Kämpfe um mehr soziale Gerechtigkeit waren denjenigen, die gerade dem Diktat der angeblich totalen Gleichheit entkommen waren, fremd bis suspekt. Arbeitskämpfe und Rentendebatten müssen ihnen als Luxusproblem eines Systems erschienen sein, nach dem sie sich (ohne es genau zu kennen) oft ein Leben lang gesehnt hatten und in dem es ja in der Tat freier zuging als in der DDR. Dass Freiheit auch einen ermöglichenden Staat brauchen könnte, der die Teilhabe möglichst aller an dieser Freiheit gewährt, das war ihr Thema nicht. Und genau das einte sie mit den Strippenziehern des nach der Wende erst richtig aufblühenden Neoliberalismus – mögen ihre Gründe zunächst auch ganz andere gewesen sein.

Diese Anfälligkeit für die Agenda des Neoliberalismus eint ehemalige DDR-Bürger übrigens, erstaunlich genug, auch mit denjenigen Ex-Linken, die mit dem Aufstieg ins gutsituierte Bürgertum ihre früheren Überzeugungen vergaßen und verrieten. Zum Beispiel Cora Stephan, einst mit Joschka Fischer und Daniel Cohn-Bendit Teil der Nach-68er-Spontiszene in Frankfurt am Main und bekannter als Krimiautorin unter dem Pseudonym Anne Chaplet. Sie hat sich inzwischen zu einer geradezu reaktionären Linkenhasserin verwandelt und fand sich unversehens in der Merkel'schen Fangemeinde wieder. »Ja, ich habe Angela Merkel gewählt, damals, 2005«[17], bekennt Stephan in ihrem Buch *Merkel. Ein Irrtum*, denn: »Nicht nur ich hatte genug von (…) der stickigen Provinzialität grüner Rituale, von der verlogenen Romantik der ›sozialen Wärme‹, von der menschelnden Betroffenheitslyrik. Von dem gespreizten deutschen Selbsthass.«[18] Also von allem, darf hinzugefügt werden, wofür die Autorin stand, bevor sie ihre persönliche Rechtswende zelebrierte. Da kam die Angela Merkel des Leipziger Parteitags gerade recht.

Aber wie bei Gertrud Höhler folgt auch bei Cora Stephan die Enttäuschung. Denn »dann war sie Kanzlerin. Und hat sich mehr und mehr als Frau entpuppt, deren Aufbruchswille irgendwo unterwegs verloren gegangen war. Wo waren Mut und Klarheit geblieben, der Geist und der Wille, neue Pfade einzuschlagen, die Kraft der Freiheit? Wo war die Frau, die (…) einen ›Befreiungsschlag‹ ankündigte?«[19]

Immerhin, einen Vorteil hat auch diese Tirade: Im national gefärbten und anti-sozialstaatlichen Furor gegen »deutschen Selbsthass« und »soziale Wärme« benennt Cora Stephan einige Elemente Merkel'scher Ideologie mit eben jener Klarheit, auf die die Kanzlerin so gern verzichtet. Und von deren Sieg sie sich 2005 so viel erwartet hatte.

Während Stephan und die anderen enttäuschten Rechten den Verlust dieser ideologischen Klarheit beklagen, zeigt sich die publizistische Fangemeinde genau darüber hoch erfreut – und fällt damit ihrerseits auf die Legende von der Kanzlerin der liberalen Mitte herein. Als Beispiel seien nur Autoren wie Matthias Geis und Bernd Ulrich genannt, die Woche für Woche im Politikressort der *Zeit* das Wirken der Kanzlerin wie eine Seifenoper für die höheren Stände präsentieren (anders als zum Beispiel ihre Wirtschaftskollegen, die immer wieder mit kritischen und differenzierten Analysen überzeugen). Gegenüber Höhler und Co. ist die lobende Lyrik der *Zeit*-Politiker ein nur scheinbar entgegengesetzter Ansatz, denn er trivialisiert und entpolitisiert das Geschehen nicht weniger als sie.

Als das Bundesverfassungsgericht den Euro-Rettungsschirm ESM gebilligt hatte, tagträumte sich Geis bis in die »Nachtgedanken« seiner Kanzlerin: »Angela Merkel hat vor dem Verfassungsgericht in der Tat einen Sieg errungen – aber er besteht vor allem in der Vermeidung einer Niederlage. Auf eine solche Niederlage dürften sich die Nachtgedanken der Kanzlerin in den vergangenen Wochen gerichtet haben.«[20]

Und gemeinsam mit Bernd Ulrich betont Geis bei jeder Gelegenheit, dass Merkel »in die (...) liberale Richtung steuerte und dass sie die Partei vor Populisten wie Roland Koch oder Friedrich Merz gerettet hat«[21], wobei »liberal« hier ein angeblich freiheitliches Gesellschaftsbild meint. Als Beleg dient jedes Mal die Familienpolitik. Den eigentlichen, wirtschaftsliberalen Kurs der Kanzlerin kann der Leser dann (leider nur) im Wirtschaftsteil studieren.

Nützlicher Irrtum: Die Krise und das Märchen von der Inhaltslosigkeit

Höhler und Stephan, aber auch Lobschreiber wie Geis und Ulrich hätten genauer hinschauen sollen, statt über den vermeintlichen Verzicht der Kanzlerin auf das »Durchregieren« mit neoliberaler Agenda zu lamentieren oder zu jubeln. Dann hätten sie nämlich erkannt, dass die Leitlinien von Leipzig das Denken der Kanzlerin auch weiterhin bestimmt haben, sowohl in der Koalition mit der SPD als auch erst recht im Bündnis mit der FDP nach 2009.

Die CDU-Vorsitzende sprach auch 2006 in Dresden, also nach einem Jahr Regierungszeit mit der SPD, ganz offen von dem »fast schon legendären Parteitag in Leipzig 2003, wo wir uns vorgenommen haben, Deutschland fair zu ändern«. Und weiter: »Dahinter verbarg sich ein revolutionäres Konzept für ein einfaches und gerechtes Steuersystem und für eine solidarische Gesundheitsprämie. Ohne dieses Konzept wäre es uns heute in der Bundesregierung nicht möglich gewesen, die Bürgerversicherung zu verhindern und die entscheidenden Weichenstellungen für die neue Gesundheitsversicherung vorzunehmen.«[22]

Im Klartext: Wo die radikale Linie gegenüber dem Koalitionspartner und/oder der Wählermehrheit nicht durchzusetzen war, da diente das ideologische Rüstzeug wenigstens dazu, echte Reformen wie etwa den Übergang in eine Bürgerversicherung zu verhindern und die Sozialsysteme stattdessen schleichend auszuhöhlen. Verschwunden war der Kompass keineswegs. Nur wurde und wird er nicht mehr ganz so sichtbar getragen. Und die Verschlechterungen für die Mehrheit der Menschen, zu denen dieser Kompass führt, kommen eben in »kleinen Schritten« statt per »Befreiungsschlag«.

Die Enttäuschung derjenigen, die ihr aus echter neoliberaler und konservativer Überzeugung gefolgt waren, nahm und nimmt die Kanzlerin in Kauf. Diese Enttäuschung ist der Preis, den sie gerne bezahlt, um im wichtigsten Organ des liberalen Bürgertums, der *Zeit*, bejubelt zu werden. Sie hat erkannt, dass es viel wichtiger für sie ist, sich wählbar zu machen weit über die eigene Klientel hinaus. Sie hat auch erkannt, dass dies durch weitgehende Unkenntlichkeit der eigentlichen politischen Absichten, durch vermeintliche Überparteilichkeit und durch selektive Selbstbedienung bei der Programmatik fast aller Parteien am besten funktioniert. Und leider, so lautet die Bilanz zum Ende ihrer zweiten Legislaturperiode, hat dieser Betrug hervorragend geklappt. Die Kanzlerin des Neoliberalismus hat es geschafft, sich als Kanzlerin für alle zu verkaufen.

Zur vollen Entfaltung kam die Fassadenmalerei von jenem Tag an, als die spekulationsgetriebenen Finanzmärkte zu kollabieren begannen. Nun leuchtete allen ein, dass die Krise die Tagesordnung bestimmte. Angela Merkel eilte von Gipfel zu Gipfel, beschloss einen Rettungsschirm nach dem anderen – und dem staunenden Publikum blieb wenig anderes übrig, als das Märchen von der »Alternativlosigkeit« zu glauben, das sie immer wieder erzählte. Zu komplex war die Materie, zu intransparent das Geschehen an den Märkten, als dass die notwendige Diskussion über alternative Strategien der Krisenbewältigung so einfach zu führen gewesen wäre. Über Strategien vor allem, die die Ursachen der Krise in Angriff genommen hätten.

Es kam erschwerend hinzu, dass die größte Oppositionspartei, die SPD, bis 2009 mit am Kabinettstisch saß. In der Politik der großen Koalition ging es zwar hier und da durchaus »sozialdemokratisch« zu: So begegnete Deutschland dem Konjunktureinbruch 2008/2009 mit staatlich finanzierter Konjunkturförderung, für die die Abwrackprämie zur Förderung des Neuwagenkaufs nur das spektakulärste Beispiel war. Und zur Vermeidung von Massenentlassungen wurde die Kurzarbeit massiv unterstützt.

Zwei Musterbeispiele also für staatliche Eingriffe in die Wirtschaft, bestens geeignet für die Giftliste einer Neoliberalen. Aber Merkel brauchte die konjunkturelle Erholung, um ihre Wiederwahl im Herbst 2009 zu sichern, ein bisschen Attraktivität für Wähler mit sozialdemokratischen Neigungen konnte daher nicht schaden. So machte sie mit und schrieb sich den politischen Ertrag der Maßnahmen hinterher auf das eigene Konto. Aber ihrem grundsätzlichen Credo blieb sie, wie das oben zitierte Bekenntnis zu Leipzig zeigt, auch jetzt noch treu.

Nach der Wahl von 2009 hatte Angela Merkel die Koalition, die sie immer wollte. Aber trotz des Bündnisses mit der FDP blieb sie bei der Selbstinszenierung als »Kanzlerin für alle«. Das Wort »Regulierung« sprach sie fehlerfrei aus, auch wenn ihre reale Politik dem alten neoliberalen Kompass folgte: Regulierung und Reform duldet die Kanzlerin dort, wo die öffentliche Meinung, die Interessen der Wirtschaft, die Mehrheit der EU-Partner oder das Bundesverfassungsgericht nichts anderes zuzulassen scheinen. Doch immer wieder setzt sie dabei durch, dass das System der »marktkonformen Demokratie« und des gesellschaftlichen Anti-Reformismus im Kern unangetastet bleibt. Das gilt besonders bei der »Eurorettung«, wo sich hinter dem vermeintlich »alternativlosen« Krisenmanagement der Kampf um die Sicherung deutscher Dominanz und die Durchsetzung einer einseitig auf Einsparungen fixierten Haushaltspolitik verbirgt – und keineswegs das Ringen um ein auf sozialen Ausgleich ausgerichtetes Europa oder eine gerechte Verteilung finanzieller Lasten.[23] Dieses System gilt aber auch in der Wirtschafts- und Sozialpolitik, wo sich Merkels schwarz-gelbe Regierung durch Steuererleichterungen für Unternehmen, verfassungswidrig ärmliche Hartz-IV-Sätze, Duldung eines beschämenden Niedriglohnsektors und erste Andeutungen der nächsten Sozialabbaurunde »ausgezeichnet« hat – Fortsetzung folgt.[24] Es gilt für die sogenannte Energiewende, wo die systematische Entlastung der Industrie von den Kosten die Strompreise in die Höhe treibt und die Akzeptanz in der Bevölkerung untergräbt. Oder es gilt beim Umgang mit Flüchtlingen, wo die von Deutschland dominierte Festung Europa mit ihrer Abschottung rassistische Ressentiments bedient.

Und wenn die Regierung Reformen betreibt – etwa bei der Vereinbarkeit von Familie und Beruf, also bei Elterngeld und Kita-Ausbau –, dann tut sie es in Übereinstimmung mit und nicht zuletzt auf Drängen der Wirtschaft, die inzwischen erkannt hat, dass sie Frauen und Mütter für den Arbeitsmarkt braucht. Die neoliberale Agenda der Kanzlerin Merkel mag sich also hier und da verzögern, aber an Ideologie und Zielsetzung ändert sich nichts.

Hier ist sie, die Blamage. Angela Merkel blamiert sich und uns, indem sie geradezu vorsätzlich versagt vor ihrer größten und wichtigsten Aufgabe: das Ziel einer möglichst gerechten und für alle lebenswerten Gesellschaft zu verteidigen gegen einen Kapitalismus, der wenige bereichert und viele immer ärmer macht.

Was, wie sie zu sagen pflegt[25], stärker aus der Krise herausgekommen als hineingegangen ist, das ist ein Kapitalismus, der sich durch staatliche Auflagen, störende Steuern und solidarische Sozialsysteme immer weniger beeinträchtigen lassen muss. Ein Kapitalismus, in dem Armut wieder Alltag und Arbeit zum Hungerlohn wieder millionenfaches Schicksal wird. Diesem Kapitalismus erweist die führende Politikerin des Landes durch systematisches Verschleiern den wichtigsten Dienst.

Starker Auftritt: Die Frau ohne Nerven

Diese Kanzlerin ist für »die Märkte« in den vergangenen Jahren noch wichtiger geworden. Deregulierung und Staatsabbau sind in Zeiten der Krise natürlich unbeliebter denn je. Eine Politikerin, die wiedergewählt werden will, kann sie heute nicht mehr so offen vertreten wie einst die »eiserne« Premierministerin Margaret Thatcher in Großbritannien, George W. Bush in den USA oder die Angela Merkel des Leipziger Parteitags von 2003. Die Zeiten, da schon als linker Außenseiter galt, wer den Kapitalismus »Kapitalismus« nannte, sind vorbei.

Vor allem die Finanzmarktakteure sind in die Defensive geraten. Deutsche Banken und Versicherer geloben – von den Erklärungen ihrer Spitzenmanager bis zu den Werbespots – Mäßigung und Besserung. Sie wissen genau: Gerade wer möglichst weitgehend so weitermachen will wie bisher, muss zumindest so tun, als hätte er dazugelernt. Nicht anders sieht es zum Beispiel bei den Energiekonzernen aus, die schon mal einen halb-alternativen Windradfan durchs Bild laufen und vermeintlich kritische Fragen stellen lassen.

Wer Angela Merkel an den Bedürfnissen dieser und anderer Akteure in der Wirtschaft messen wollte, käme zu dem Ergebnis: Eine Blamage sieht anders aus. Vor ihnen, den Unternehmen, hat sie sich ja auch keineswegs blamiert, im Gegenteil: Sie hätten sich ihre Kanzlerin nicht besser backen können. Keine PR-Abteilung der Welt hätte die Aufgabe besser lösen können als sie. Niemand wäre so geeignet wie sie, der übermäßig marktgesteuerten und ungerechten Politik, die in unserem Lande herrscht, noch jetzt den Anstrich ökonomischer Vernunft und sozialer Gerechtigkeit zu geben. Nur mit Hilfe von rhetorischer Geschmeidigkeit und Zugeständnissen eher symbolischer Art können der Neoliberalismus und die hinter ihm stehenden Interessengruppen noch auf Mehrheiten für »ihre« Kanzlerin hoffen – also auf den Anschein notwendiger Legitimation, den sie durch das Platzen der weitgehend unregulierten und unkontrollierten Märkte endgültig verloren zu haben schienen.

So gesehen hat Angela Merkel ihre Aufgabe geradezu genial gelöst, und zwar ohne Skrupel und ohne je so etwas wie Nervenschwäche zu zeigen. Noch in der größten Krise des deregulierten Kapitalismus ist es ihr gelungen, über die Ursachen dieser Krise den Schleier ihrer Konsensrhetorik zu legen und so zu tun, als sei sie die Mutter der Nation, bei der niemand unter die Räder kommt.

Es ging nicht mal ein bitteres Lachen durchs Land, als die CDU-Vorsitzende auf dem letzten Parteitag vor dem Wahljahr verkündete: »Wir sind überzeugt von der Kraft der Sozialen Marktwirtschaft, die Wettbewerb, Leistung und Solidarität, wirtschaftliche Dynamik und sozialen Ausgleich, Freiheit und Sicherheit vereint und niemanden zurücklässt.«[26]

Wieder, wie schon in Dresden 2006, gab die Kanzlerin das Stück »Merkel, die Gemäßigte«. Abstrakte Bekenntnisse zum Sozialstaat, zur Ökologie und – seit 2008/2009 – zur Regulierung der Finanzmärkte gehen ihr inzwischen leicht über die Lippen. Und diesmal, im Dezember 2012, beglückte sie das Publikum jenseits der eigenen Partei sogar mit Sätzen, die auch auf einem SPD-Parteitag hätten fallen können: »In der Sozialen Marktwirtschaft ist der Staat der Hüter der Ordnung. Das kann angesichts des Ausmaßes der Verantwortungslosigkeit, das wir in der Finanzkrise erlebt haben, gar nicht oft genug betont werden. Die Prinzipien der Sozialen Marktwirtschaft müssen nicht nur in Deutschland gelten, müssen nicht nur in Europa gelten. Der Hüter der Ordnung muss auch weltweit da sein, sonst werden die Menschen nicht an Demokratie und Rechtsstaatlichkeit glauben. Das ist die große Aufgabe, die wir noch zu erledigen haben.«[27]

Schöne Worte, die allerdings nur zynisch genannt werden können angesichts der praktischen Politik, mit der diese Kanzlerin den »Ordnungshüter« Staat bei jeder Gelegenheit schwächt. Nein, selbst dieses Lippenbekenntnis hatte nicht einmal für die Dauer der einstündigen Merkel-Rede Bestand. In aller Offenheit konterkarierte sie, sobald es konkret wurde, ihre eigenen Worte: »Vertrauen wir den Menschen, oder wollen wir einen Staat, der den Menschen vorschreibt, wie sie zu leben haben? Glauben wir, dass mehr Betriebe, mehr Arbeitsplätze und mehr Wachstum den Menschen dienen, oder kämpfen wir für Vermögensabgabe und Vermögensteuer?«[28]

Wer nun in Freude verfällt, dass unsere Kanzlerin »den Menschen« vertraut, hat sich leider getäuscht. Denn auch die Frage, welche Menschen ganz besonders gemeint sind, blieb keineswegs offen: »Liebe Freunde, die Menschen, die in unserem Land in genau diese Richtung etwas unternehmen, die Unternehmer sind, die Arbeit schaffen, die finden wir in den 3,7 Millionen kleinen und mittleren Betrieben, die finden wir in den großen Betrieben. (...) Diesen Menschen müssen wir helfen, damit sie ihre Chancen nutzen können, damit sie weiter Erfolg haben, damit sie Arbeit schaffen können. (...) Erhöhung der Einkommensteuer, der Abgeltungssteuer, Einführung der Vermögensteuer – das Programm der Sozialdemokraten ist ein Mittelstandsgefährdungsprogramm.«[29]

Womit jeder Zweifel ausgeräumt wäre, wo Angela Merkel beim vielleicht wichtigsten Thema dieses Wahlkampfes – der gerechteren Lastenverteilung durch angemessene Besteuerung großer Einkommen und Vermögen – steht: Übergangslos wird jeder Spitzenverdiener und jeder Vermögende zum »Mittelständler« erklärt, und das heißt auf CDU-Deutsch: zur absolut geschützten Spezies. Jede Forderung nach höheren Spitzensteuersätzen oder Vermögensabgaben ist damit vom Tisch.

Es erstaunt immer wieder, mit welcher Chuzpe es dieser Frau gelingt, sich das breite Publikum durch ein paar folgenlose Sätze über die »Soziale Marktwirtschaft« gewogen zu machen und zugleich mit eindeutigen ideologischen Ansagen ihre neoliberalen Freunde zu bedienen. Wer sie an der Realität misst, kann eigentlich keinen Zweifel haben, in welchem Teil die Lüge liegt und in welchem die Wahrheit. Und deshalb kann die Diagnose nur lauten, dass diese Kanzlerin unser Land blamiert.

Technik der Macht: Rücksichtslos nach allen Seiten

Die konservative Kritik, es fehle an Inhalten und gehe nur um ideologisch entleertes Machtstreben, trifft also die Sache so wenig wie das Lob für die vermeintliche Modernisiererin. Merkels Machtwille »dient«, wie gesehen, sehr wohl einem politischen

Programm. Sie weiß, wohin sie will mit dieser Republik. In einem Punkt allerdings haben die Kritiker recht: Den Weg zur Macht und ihrem Erhalt ging und geht die Kanzlerin mit einer Zielstrebigkeit und Rücksichtslosigkeit, die ihresgleichen sucht.

Es ist häufig beschrieben worden, wie die junge Politikerin den großen Ehrenvorsitzenden Helmut Kohl kurz vor Weihnachten 1999 symbolisch vom Thron stürzte, als sie sah, dass die Spendenaffäre das Machtwerkzeug namens Partei unbrauchbar zu machen drohte. Wie sie früher als andere erkannte, dass die CDU das Bekanntwerden illegaler Geldtransfers zu Zeiten des »Systems Kohl« und dessen Schweigen über die geheimen Spender nicht unbeschadet überstehen würde. Und wie sie sich von »Kohls Mädchen« zu seiner politischen Scharfrichterin wandelte, um wenig später als Heldin des Neuanfangs und Parteivorsitzende auf der Bühne zu stehen.[30]

Auf der Strecke blieb schon damals Wolfgang Schäuble, der nach der Wahlniederlage Kohls gegen Rot-Grün 1998 dessen Nachfolger im Parteivorsitz geworden war. Er musste im Zuge der Spendenaffäre zurücktreten – und damit war der Weg frei für die Frau, die es gewagt hatte, das Denkmal Kohl vom Sockel zu stürzen.

Auf der Strecke blieben später auch potenzielle Konkurrenten wie Friedrich Merz, Roland Koch oder Christian Wulff, für dessen »Entsorgung« der Kanzlerin nicht einmal der Missbrauch des Präsidentenamtes zu schade war. Den Tausenden von Zeitungsartikeln, die die Merkel'schen Tricks und Rochaden beim »Ausschalten« potenzieller Konkurrenten genüsslich nachzuzeichnen versuchten, soll hier nur ein Aspekt hinzugefügt werden: Wer dieses kalte Agieren als Ausdruck simpler Machtgier beschreibt, hat den wichtigsten Teil vergessen und sitzt der Verschleierungsstrategie ein weiteres Mal auf. Macht ist kein Selbstzweck für Angela Merkel, sondern Mittel zur Durchsetzung ihrer Ziele. Und wie beim Werben um Wähler, so war und ist es auch beim Kampf um die innerparteiliche Macht: Ihre stärkste Waffe besteht darin, diese Ziele zu verbergen, sich für die klare Richtung ihrer Politik nicht haftbar machen zu lassen von Freund oder Feind.

Wenn Merkel Konkurrenten aus dem Wege räumte, dann deshalb, weil sie diese Inszenierung gefährdeten. Ein Roland Koch drohte durch allzu deutliches Aussprechen stockkonservativer Positionen das Modernisierungsimage zu durchkreuzen. Ein Umweltminister Norbert Röttgen wiederum vergraulte eben diese Stockkonservativen durch seine Selbstdarstellung als angeblich ökologischer Überzeugungstäter (es half ihm bei den Konservativen nicht einmal mehr die Tatsache, dass er ein Jahr vor dem Atomausstieg mit gleicher Begeisterung die Laufzeitverlängerung verteidigt hatte). Wer auch immer es war: Das Urteil der Kanzlerin lautete auf Störung des Betriebsfriedens durch erkennbaren Inhalt.

Man könnte den Umgang der CDU-Vorsitzenden mit ihren »Freunden« in der Partei in aller Ruhe ignorieren, hätte er nicht seine Fortsetzung im Umgang mit den demokratischen Institutionen gefunden: Angela Merkel ist dabei, auch das Parlament und das Bundesverfassungsgericht zu Hilfsorganen ihrer geheimen Agenda zu machen.

In der Eurokrise hat die Regierung immer wieder versucht, den Einfluss des Bundestages so weit wie möglich zu minimieren. Immer wieder beklagten Abgeordnete, dass ihnen ausführliche und komplexe Entwürfe erst Stunden vor der Beschlussfassung vorgelegt wurden (was die schwarz-gelbe Mehrheit nicht daran hinderte, im Zustand weitgehender Ahnungslosigkeit dafür die Hand zu heben). Immer wieder legte die Regierung Gesetze vor, die die Zustimmungsrechte des Parlaments selbst bei Milliardenausgaben für die diversen »Rettungsschirme« massiv beschränkten. Und immer wieder musste Angela Merkel sich nachher vom Verfassungsgericht bescheinigen lassen, dass ihr Vorgehen dem Entscheidungsrecht der Volksvertretung nicht ausreichend entsprach.

So regelmäßig lief die Regierung sehenden Auges in die Falle der Verfassungswidrigkeit, dass vermutet werden darf: Da wird selbst mit dem höchsten Gericht des Landes ein Spiel gespielt. Da werden die Grenzen der Karlsruher Belastbarkeit getestet und die Richter mit der Drohung einer noch größeren Eurokrise erpresst.

Das lässt sich am besten erkennen, wenn man Angela Merkels Reaktionen auf die wiederholten Ohrfeigen des Verfassungsgerichts betrachtet. Als es im Juni 2012 mal wieder eine Rüge aus Karlsruhe wegen unzureichender Einbeziehung des Bundestages setzte – diesmal wegen des »Europäischen Stabilitätsmechanismus« ESM–, da tat die Kanzlerin, als habe ihr ein Dorfgericht gerade das Heckenschneiden verboten: »Was das Urteil anbelangt, so werden wir das umsetzen«, sagte sie. Und als hätte Karlsruhe nicht etwa an die Verletzung einer verfassungsrechtlichen Selbstverständlichkeit erinnert, sondern das Parlament soeben erst erfunden, fügt sie hinzu: Es sei doch zu begrüßen, dass es jetzt »klare Maßstäbe« gebe.

Es klang ein bisschen wie »Ich hab's halt mal versucht« – noch im Nachgang der nicht eingestandenen Niederlage eine Stillosigkeit, die nicht weit entfernt ist von einer Missachtung des Gerichts. Zumal es das dritte Mal in weniger als einem Jahr war, dass die Regierung an die Rechte des Parlaments erinnert werden musste. Beim ersten Mal, im September 2011, ging es um die Beteiligung des Haushaltsausschusses bei der Freigabe von Geld für Rettungspakete. Dann, im Februar 2012, verwarfen die Richter das geheime Küchenkabinett namens »Neuner-Gremium«, das die Regierung im eiligen Falle an die Stelle von Ausschuss und Parlament setzen wollte. Und dann die offenbar notwendige Erinnerung daran, dass die Parlamentarier auch Informationen benötigen, bevor sie entscheiden können.

Jedes Mal tat Angela Merkel so, als sei es selbstverständlich, dass beinahe jede wichtige Entscheidung zum Euro demokratische Rechte verletzt und daher nachträglich korrigiert werden muss. Als setze sie darauf, dass dieser Skandal sich mit der Zeit abnutzt und das Gericht die Kraft zum wiederholten Widerstand verliert.

Das heißt: Angela Merkel täuscht nicht nur die Öffentlichkeit, um sich mit Zustimmung der Wähler an der Macht zu halten. Sie verteidigt diese Macht, wenn es sein muss, auch mit demokratisch fragwürdigen Methoden. Mit einer demoskopischen Zustimmung im Rücken, die auf Verschleierung und populistischer Selbstinszenierung beruht, fordert sie im Zweifel auch die demokratischen Institutionen heraus.

Angela Merkel ist kein Silvio Berlusconi, ihr fehlt dazu die persönlich zwielichtige Seite. Aber wie Berlusconi in Italien, so trägt auch sie in Deutschland zur Schwächung der parlamentarischen Demokratie ihren Anteil bei: Auch sie setzt nicht auf offenes Visier und kontroverse Debatte über den richtigen Weg, sondern auf ein System, in dem die beste Inszenierung belohnt wird.

Diese Inszenierungen sind nicht leicht zu durchschauen, denn Politiker, die so handeln, sprechen Sätze, die wir alle eigentlich gerne hören. Sie bejubeln die sinkende Arbeitslosigkeit und schweigen über die jüngste Wiederentdeckung des deutschen »Sozialstaats«: Armut trotz Arbeit. Sie rühmen sich der Eurorettung und schweigen über den Preis, den andere Völker für die Sicherung deutscher Vorherrschaft in Europa bezahlen. Sie erfinden »Lebensleistungsrenten«, hinter denen sich kaum mehr als ein Almosen verbirgt. Sie gedenken der Opfer von Nazi-Terroristen und schüren im gleichen Atemzug mit rassistischen Untertönen die Abwehrhaltung gegen Asylbewerber, während vor den abgeschotteten Grenzen Europas Tausende ertrinken.

Weil das so ist, sollten wir alles tun, uns über den wahren Charakter der Merkel'schen Politik nicht weiter täuschen zu lassen. Dann wird sich schnell zeigen, dass Deutschland diese Kanzlerin und ihre Politik nicht mehr braucht. Jedenfalls dann, wenn es sich nicht weiter blamieren will.

Mit falscher Münze: Merkel und der Euro

Für das Versagen der Regierung Merkel, für die Dringlichkeit eines Politikwechsels in Deutschland gibt es kein besseres Beispiel als die Krise des Euro. Der von der Kanzlerin sorgfältig vermittelte Eindruck, sie tue als Krisenmanagerin entschlossen und nervenstark das jeweils Notwendige, (be)trügt. In Wahrheit ist hier nicht die angeblich pragmatische Krisenmanagerin am Werk, sondern die begnadete Machttechnikerin. Das ganze Gerede von »Hilfe« und »Rettung«, verbunden mit arroganten Zurechtweisungen, adressiert an die Länder des europäischen Südens – das alles hat mit dem realen Handeln der Kanzlerin sehr wenig zu tun. Es ist nichts anderes als populistische Rhetorik, die dem Wahlvolk suggerieren soll, es werde im Sinne der Deutschen und des allgemeinen Wohlstands gehandelt.

Allerdings gilt auch hier: Hinter der beschönigenden Propaganda verbirgt sich mehr als der von konservativen Kritikern beklagte Superpragmatismus. Merkels konkretes Handeln ist – anders als ihr Reden – gerade in der Eurokrise keineswegs allein oder vorrangig von der öffentlichen Stimmungslage und ihren Wahlaussichten bestimmt. Vielmehr verfügt sie sehr wohl über einen klaren ideologischen Kompass: Sie denkt und handelt erstens national statt europäisch (»Es ist gelungen, was wir gerne wollten: dass Deutschland stärker aus der Krise herauskommt, als es hineingegangen ist.«[1]) und zweitens marktfundamentalistisch statt solidarisch.

Was immer Deutschland in dieser Krise getan hat, diente der Rettung einer ganz bestimmten Idee von Einheitswährung, die man den »deutschen Euro« nennen könnte. Eine Währung, die – wie in diesem Kapitel zu zeigen sein wird – von Anfang an ganz auf die Interessen der Exportnation Deutschland zugeschnitten war. Die »Rettungspakete« und erst recht der »Fiskalpakt«, den Deutschland ganz Europa aufoktroyierte, folgen dem Prinzip, das Deutschland dem Euro schon bei seiner Einführung aufzwang: Alle Länder, egal mit welcher ökonomischen Struktur, wurden einer Geldpolitik nach deutschem Muster unterworfen. Wie einst die Deutsche Bundesbank wurde nun auch die Europäische Zentralbank EZB einseitig darauf verpflichtet, möglichst wenig Geld in Umlauf zu bringen. Das beugt zwar der Inflationsgefahr vor, nimmt aber den schwächeren Volkswirtschaften ihre wichtigsten Instrumente aus der Hand: Weder können sie über den Wechselkurs einer eigenen Währung die Importe verteuern und damit ihre Binnenwirtschaft stärken, noch ist es ihnen möglich, durch »Gelddrucken« ihre Staatsausgaben zu finanzieren und ihre nationale Konjunktur in Gang zu bringen. Stattdessen importierten sie jahrelang, was das Zeug hielt – in Euro, meistens auf Pump und zum Wohle der deutschen Exportindustrie. Die Risiken der Verschuldung dagegen trugen sie allein. Und einer gemeinsamen europäischen Wirtschafts- und Finanzpolitik, etwa Mechanismen nach Art des deutschen Länderfinanzausgleichs, verweigert sich Merkels Deutschland bis heute.

Das ist nicht nur auf blamable Weise national-egoistisch, es ist auch kurzsichtig. Selbst ein Zyniker, der damit einverstanden wäre, dass Deutschland auf Kosten desselben Europa, von dem es so lange profitiert hat, nur den eigenen Vorteil sucht, kann sich leicht ausrechnen: Es muss bezweifelt werden, dass unser Land auf diese Art »stärker aus der Krise herauskommt«. Auf Dauer werden nicht nur die Bevölkerungsmehrheiten Griechenlands, Spaniens oder Portugals für die von Berlin und Brüssel diktierten »Anpassungsprogramme« bezahlen. Am

Ende werden zwar wohl die europäischen Banken aus der Krise »stärker herausgekommen« sein, aber ganz sicher nicht die Staaten und ihre sozialen Sicherungssysteme. Auch nicht Deutschland, denn die deutsche Politik ist einerseits schon innerhalb des bestehenden Systems grundfalsch, weil sie die eigenen Exportmärkte schwächt[2]; und andererseits verzichtet sie auf die Entwicklung einer neuen europäischen Wirtschaftsarchitektur, die das Ungleichgewicht zwischen deutscher Export- und südeuropäischer Importabhängigkeit überwindet.

Das wird dann auch bei uns zu geringerem Wachstum[3] und zu »Anpassungsmaßnahmen« führen, und die werden wie fast immer die Leistungen des Sozialstaats treffen, von der Armutsvorsorge bis zur Bildung. Wir sollen es nur noch nicht merken, und dieses Kalkül der Kanzlerin geht auf erschreckende Weise auf. Gerade in der Eurokrise scheint es oft, als habe sich ein großer Teil der Bevölkerung mehr oder weniger unbewusst auf ein Verdrängungsabkommen mit der Regierung eingelassen: Angela Merkel tut und handelt so, als könne in Deutschland im Prinzip alles so weitergehen wie bisher, während um uns herum der massenhafte Staatsbankrott droht. Sie nimmt es in Kauf, dass sich durch dieses Regierungshandeln die strukturellen Probleme noch verschärfen. Aber sie macht es uns leicht, die Tatsache zu verdrängen, dass diese Krise auch auf unsere Kosten, auf Kosten der deutschen Normalbevölkerung gehen wird. Angela Merkel sägt an dem Ast, auf dem wir noch ganz gut sitzen. In der Hoffnung, dass er gerade so lange hält, bis wir sie wieder ins Amt gewählt haben.

Merkel hat damit, wie sich im Folgenden zeigen wird, zwar vielleicht im kurzfristigen eigenen, nicht aber im langfristigen deutschen Interesse gehandelt. Sie hat Europa dem Modell Deutschland unterworfen, obwohl dieses Modell nicht mehr trägt. Sie hat dabei die wichtigste Erkenntnis überzeugter Europäer missachtet: Ohne Europa ist auch die stärkste europäische Macht sehr schwach.

Merkels zweiter innerer Wegweiser – neben dem nationalen Egoismus – ist der Marktfundamentalismus. Was die deutsche Regierung in dieser Krise bislang getan hat, diente nämlich nicht nur der Verteidigung des »deutschen Euro«. Es diente zugleich der mit ihm verbundenen Abhängigkeit politischen Handelns vom Wohlwollen »der Märkte«. Wenn die Kanzlerin vom Verhältnis zwischen gemeinsamer »Haftung« für die Schulden der Krisenländer und »Kontrolle«[4] spricht, dann meint sie: Wir übernehmen die Haftung so lange, bis die Spekulanten in den Banken und Schattenbanken wieder glauben, an euren Schulden verdienen zu können. Ihr »haftet« im Gegenzug mit dem Zusammenbruch eurer staatlichen Handlungsmöglichkeiten, mit explodierender Armut und Arbeitslosigkeit in euren Völkern. Das ist neoliberale Ideologie in Vollendung: Staaten sollen sich verhalten wie kapitalistische Unternehmen, die so lange sparen, bis sie auf den Kreditmärkten wieder Gnade finden. Und Deutschland kontrolliert, dass sie von diesem Kurs nicht abweichen.

Fast überflüssig zu erwähnen, dass in dieser Politik die Regulierung der Banken gerade nur so viel Platz hat, dass es gelingen kann, vor der Bevölkerung Handlungswillen vorzutäuschen. Und erst recht keinen Platz hat – hier trifft sich die nationale mit der marktfundamentalistischen Komponente – eine gemeinsame Strategie der Geldpolitik und Staatsfinanzierung in Europa.

In der Krise hat das größte, wichtigste und wirtschaftlich stärkste Land der Europäischen Union also weder ökonomisch vernünftig noch »europäisch« gehandelt. Es hat vielmehr aus nationalem Egoismus und aus ideologischer Fixierung auf die »Märkte« jede vernünftige und solidarische Lösung entweder blockiert oder so lange wie möglich verzögert. Die Regierung Merkel hat den mächtigsten Staat des Kontinents zum unberechenbarsten Mitglied der EU gemacht. Sie hat sich quergestellt, wo immer es um dauerhaft aussichtsreiche Wege aus der Krise ging: bei der Vertiefung der ökonomischen und politischen Integration, bei der gemeinschaftlichen Vermeidung ungesunder ökonomischer Ungleichgewichte, bei der dringend notwendigen Eindämmung der Spekulation.

So ist Deutschland nicht nur dabei, die eigenen europäischen Exportmärkte zu zerstören. Es riskiert – in der falschen Vorstellung, vom »Weiter so« zu profitieren – auch die Währung selbst. Es ist blind für die Tatsache, dass diese Währung nur auf neuer Grundlage, nur in einem wirklich geeinigten Europa zu retten ist. Deutschland verhält sich wie ein störrisches Kind, das seine Süßigkeiten lieber verderben lässt, als sie zu teilen. Mit einem Wort: Deutschland blamiert sich, mitten in der Krise, vor Europa und der Welt.

In zwei Abschnitten soll diese Politik hier nachgezeichnet werden: Zunächst geht es um die von Deutschland führend verantworteten Konstruktionsfehler des Euro; und dann zeigt ein Blick auf die Schuldenkrise, wie Angela Merkel sich der nachhaltigen Überwindung dieser Fehler aus nationalistischen und ideologischen Gründen widersetzt.

Harte Währung auf weichem Grund

Um die Dimension der deutschen Blamage in Europa richtig einordnen zu können, hilft ein Blick in die jüngere Geschichte. Aus ihm ergeben sich die Schlüsse, die die europäische Politik – vorneweg die deutsche Kanzlerin – zu ziehen hätte, was sie aber schuldhaft unterlässt.

Die Nachlassverwalterin von Helmut Schmidt und Helmut Kohl hat deren Erbe verraten, wo es europäisch und nicht nationalistisch war – also überall dort, wo es darum gegangen wäre, aus der Krise heraus die kontinentale Einigung voranzutreiben. Nur die Fehler, die schon Helmut Kohl bei der Geburt des Euro machte, setzte Angela Merkel begeistert und konsequent fort.

Es wäre zuviel der Ehre, unterstellte man den europäischen Gründervätern rein idealistische Motive. Schon die sogenannte »Montanunion«[5], also die kleine Vorläuferin der Europäischen Gemeinschaft und dann der EU, war nicht nur ein idealistisches Projekt. Westeuropa lebte bekanntlich auch damals, 1951, im Kapitalismus, und auch damals hatten Regierungen die Interessen ihrer jeweiligen Industrien im Auge.

Dies verband sich allerdings mit der in den fünfziger und sechziger Jahren noch sehr präsenten Erfahrung des Zweiten Weltkriegs und der verheerenden Schäden, die das deutsche Nazi-Regime auf dem Kontinent angerichtet hatte. »Hauptziel des Vertrages [zur Montanunion] war (...) die Sicherung des innereuropäischen Friedens durch die ›Vergemeinschaftung‹, also die gegenseitige Kontrolle, der kriegswichtigen Güter Kohle und Stahl, sowie die Sicherstellung dieser für den Wiederaufbau nach dem Zweiten Weltkrieg entscheidenden Produktionsfaktoren.«[6]

Die frühen »Europäer« auf beiden Seiten des Rheins, darunter Helmut Kohl, mögen durch ihre Träume von Völkerverständigung und Frieden bewegt worden sein, als sie an den Schlagbäumen zwischen Deutschland und Frankreich gerüttelt haben. Aber jenseits allen Pathos war klar: Wo »Erbfeindschaften« die Politik bestimmten, würden auch die kapitalistischen Unternehmer die Bedingungen für wirtschaftlichen Erfolg nicht finden. Ein »Konjunkturprogramm« namens Krieg konnten sie jedenfalls auf absehbare Zeit nicht mehr gebrauchen.

Das grenzenlose EU-Europa, das bis zum Beginn des dritten Jahrtausends entstanden war, lässt sich also schon in seinen Ursprüngen – bei allem Idealismus mancher Beteiligten – durchaus auch als ökonomisch getriebenes Elitenprojekt beschreiben. Aber zumindest als »Kollateralnutzen« brachte es für die Europäerinnen und Europäer auch unbestreitbare Vorteile mit sich: Im entstehenden Binnenmarkt konnten sich eben nicht nur Ex- und Importeure mit ihren Gütern frei bewegen, sondern auch die Bürgerinnen und Bürger.

Für eine vergleichsweise kurze historische Epoche – von der deutsch-französischen Aussöhnung nach dem Krieg bis zur Einführung des Euro – stimmten Kapital- und allgemeine Interessen bis zu einem gewissen Grad überein. Das heißt keineswegs, dass unser Wirtschaftssystem in dieser Phase plötzlich zur Wohltätigkeitsveranstaltung geworden wäre. Es war vielmehr – vor allem unter den bis 1989 herrschenden Bedingungen der Systemkonkurrenz mit dem staatssozialistischen Lager – der Druck vorhanden, ein gewisses Maß an sozialen und freiheitlichen Rechten zu wahren.[7]

Mit dem Ende des Staatssozialismus verlagerte sich das Geschehen von der Konkurrenz der Systeme auf die internationale, innerkapitalistische und nunmehr globale »Standortkonkurrenz«. Der Gedanke der europäischen Einigung büßte, jedenfalls jenseits der Sonntagsreden, seinen ideellen Überschuss praktisch vollends ein, ebenso wie der als Alternative zum Staatssozialismus gepflegte Sozialstaatsgedanke. Die Erfahrung der europäischen Kriege, die manche Vision vom Kontinent des Friedens angetrieben hatte, verlor von Politikergeneration zu Politikergeneration an Prägekraft.

Nur einmal noch, direkt nach dem Mauerfall von 1989, spielte dieser Aspekt eine gewisse Rolle. Das vereinte und wirtschaftlich erstarkte Deutschland sollte im Rahmen der EU (und der NATO) eingehegt und durch enge Kooperation an künftigen Alleingängen gehindert werden. Was allerdings aufs Gründlichste danebenging: Der gezähmte Riese Deutschland hat EU-Europa zum Spielball seiner kurzsichtigen nationalen Interessen gemacht.

Aber zunächst zurück zur Geschichte, denn sie hält – außer der Einbindung des ehemaligen Kriegsgegners Deutschland in ein zusammenwachsendes Europa – zumindest einen weiteren Hinweis bereit. Deutschlands Reichtum, sein ökonomischer Erfolg gründet genau auf dem, was unsere Regierung dem Süden jetzt verweigert: nämlich auf der Bereitschaft der Stärkeren, sich am Aufbau der Schwächeren zu beteiligen. Nicht aus Edelmut oder gar irregeleitetem Verzicht auf eigene Interessen, sondern aus einem nüchternen Kalkül des eigenen Nutzens heraus. So geschehen nach 1945, als Deutschlands Westen sich an der Hauptfront des Kalten Krieges wiederfand. Für die wichtigste Siegermacht, die USA, folgte daraus die Notwendigkeit, den östlichsten Vorposten im Westen zum stabilen Verbündeten zu machen und zu diesem Zweck auch ökonomisch auf ein möglichst sicheres Fundament zu stellen. Diesem Ziel diente – durchaus zum Nutzen der westdeutschen Bevölkerung, aber eben auch im Interesse Washingtons – die US-Politik vom Marshallplan bis zur zunehmenden Einbindung der Bundesrepublik in die westliche Staatengemeinschaft.

Wer heute deutsche Politiker – vorneweg Angela Merkel – überheblich davon reden hört, wie deutscher Fleiß und Erfindungsgeist »uns« an die Spitze brachten[8], sollte sich an diese Tatsachen erinnern. Erst im Schutz der Westbindung, mit den Mitteln des Marshallplans und unter den Bedingungen der durch die Systemkonkurrenz beförderten »Sozialen Marktwirtschaft«, stieg die Bundesrepublik zur führenden Industrienation Europas auf. Auch wenn es der Kanzlerin gelungen ist, der deutschen Öffentlichkeit die mit ökonomischen Knebelprogrammen verbundenen Kredite an Griechenland und andere als Wohltaten zu verkaufen – in Wahrheit stellen sie das Gegenteil einer im wohlverstandenen Eigeninteresse geleisteten Aufbauhilfe dar. Das ist eine blamable Missachtung der Lehren, die aus der Geschichte der Nachkriegszeit zu ziehen wären.

Die Politik, der Angela Merkel bis heute folgt, nahm ihren Ausgang mit der Wende von 1989. Schon bald nach dem Mauerfall nutzte das vereinigte und nun wieder vollständig souveräne Deutschland seine ökonomische Macht, um die Bedingungen des europäischen Einigungswerks nach dem Drehbuch des Neoliberalismus zu diktieren. Die Einführung der gemeinsamen Währung galt – einerseits – Euro-Pathetikern als Höhepunkt und Schlussstein des europäischen Gemeinschaftswerks. Doch der Tag, als die D-Mark verschwand, besiegelte – andererseits – zugleich die deutsche Vorherrschaft, und zwar mit fatalen Folgen. Nicht etwa, weil die gemeinsame Währung im Grundsatz der falsche Weg gewesen wäre, wie Thilo Sarrazin und andere Anti-Europäer gern behaupten[9]. Sondern weil das monetäre Einigungswerk unter deutschem Druck auf halbem Wege stehenblieb.

Helmut Kohl, der vielgerühmte »große Europäer«, erwies sich schließlich als Kanzler vielleicht der deutschen, aber sicher nicht der europäischen Einheit. Die elf ganz unterschiedlichen Volkswirtschaften, die sich zunächst an der Gemeinschaftswährung beteiligten (zum Zeitpunkt der Bargeldeinführung 2002 war auch Griechenland als Nummer zwölf dabei), wurden einer Geldpolitik nach deutschem Vorbild unterworfen: Wie die Hartwährung D-Mark stand nun der Euro unter einem einseitig an Inflationsbekämpfung orientierten Regime. Länder mit schwächeren Währungen verloren die Möglichkeit, ökonomische Leistungsunterschiede über den Wechselkurs oder eine eigene Geldpolitik ihrer nationalen Notenbanken auszugleichen.

Zum Beispiel in Griechenland stand also die Möglichkeit zur Abwertung der Drachme – in Zeiten nationaler Ökonomien ein Mittel zur Drosselung der Importe und damit auch der Verschuldung – nicht mehr zur Verfügung. Daraus hätte sich etwa für deutsche Urlauber ein Wechselkursvorteil ergeben und damit für die griechische Tourismusindustrie eine Wachstumschance, um das Land auf diesem Weg voranzubringen. Ebenso unmöglich war nun eine nationale Zinspolitik, die etwa Importe auf Pump hätte erschweren können. Staatlich Beschäftigte, Importe und Schulden waren nun in der »Starkwährung« Euro zu bezahlen. Dass dementsprechend natürlich auch Einnahmen jetzt in Euro flossen, kam vor allem exportorientierten Volkswirtschaften wie der deutschen zugute.

Parallel zur Euro-Einführung arbeiteten die europäischen »Eliten« gemeinsam am »Projekt Standortsicherung«, und zwar so, wie die herrschende neoliberale Lehre es vorschreibt: Die Kosten der Unternehmen, also vor allem Löhne, Steuern und Sozialbeiträge, wurden auf Biegen und Brechen gesenkt und mit ihnen die Sozialleistungen, die man ja nun logischerweise nicht mehr bezahlen konnte.

Kaum irgendwo sonst gelang dies so gründlich wie im Land des damaligen Exportweltmeisters: Ausgerechnet der sogenannte Sozialdemokrat Gerhard Schröder senkte den Spitzensteuersatz, der zu Helmut Kohls Zeiten noch bei 53 Prozent gelegen hatte, auf 42 Prozent. Und er sorgte mit den »Reformen« seiner Agenda 2010 dafür, dass im reichen Deutschland ein Niedriglohnsektor entstand und der Druck auf die Einkommen der abhängig Beschäftigten stetig zunahm. Das verbilligte die deutschen Exporte und verschärfte damit das ökonomische Ungleichgewicht in Europa.

Die deutsche Europolitik, die nicht zuletzt die Nutzung der Notenpresse als Instrument der Wirtschaftsförderung radikal begrenzt, wird immer wieder mit der tiefsitzenden Furcht der Deutschen vor einer Inflation begründet, wie das Land sie Ende der zwanziger Jahre des 20. Jahrhunderts erlebte. Diese Furcht allerdings erweist sich vor allem als Material, aus dem erst Kohl und nun auch Merkel mit ihren willfährigen Lautsprechern in den Medien[10] Zustimmung schöpfen zu ihrer deutsch-nationalen Europolitik. Begründet nämlich ist sie bei rationaler Betrachtung derzeit nicht. »Es muss Ihnen schon jedes Zutrauen in die Bundesbank und die anderen Zentralbanken Europas fehlen, um zu glauben, dass die das zuletzt in die Finanzmärkte gepumpte Geld nicht wieder herausziehen, sobald eine Inflation ernsthaft droht«, sagt zum Beispiel der US-amerikanische Wirtschafts-Nobelpreisträger Joseph Stiglitz.[11] Und der deutsche Professor Peter Bofinger, einer der fünf »Wirtschaftsweisen«, ergänzt: »Inflation (…) ist nur dann zu befürchten, wenn in der Wirtschaft ein Überdruck herrscht. Doch in Europa beobachten wir gegenwärtig einen massiven Unterdruck. Die Banken vergeben kaum Kredite, seit dem Lehman-Crash steigt die Geldmenge nur wenig, es wird wenig investiert.« Zudem zeige das Beispiel Japan, dass solcher »Unterdruck« auch bei großzügiger Geldpolitik »lange anhalten kann«.[12]

Die Alternative hätte, wie gesagt, nicht etwa im Verzicht auf den Euro gelegen, sondern in der Einführung alternativer Mechanismen zur Milderung des wirtschaftlichen Gefälles. »Soll die Währungsunion nicht nur funktionieren, sondern auch noch wirtschaftlich erfolgreich sein, braucht sie einen Ausgleichsmechanismus, der schrumpfenden Ländern Transfers zukommen lässt und boomenden Ländern etwas Wohlstand wegnimmt, damit der Boom nicht zur Blase wird«, schreibt Robert von Heusinger, einer der kundigsten Kritiker deutscher Europolitik.[13] Schon im Oktober 1990 (!), lange vor der Einführung des Euro, betonte sogar die Deutsche Bundesbank in ihrem Monatsbericht, eine europäische Währungsunion wäre »eine nicht mehr kündbare Solidargemeinschaft, die nach aller Erfahrung für ihren dauerhaften Bestand eine weitgehende Bindung in Form einer umfassenden politischen Union benötigt«[14].

Das liest sich wie eine Warnung vor der Währungsunion und nicht wie ein Aufruf zu ihrer politischen Gestaltung. Diese wäre allerdings dringend notwendig gewesen, aber genau daran war Deutschland schon bei der Einführung des Euro überhaupt nicht interessiert. Je ähnlicher die aus politischen Gründen vorangetriebene Gemeinschaftswährung der D-Mark blieb und je weniger gemeinschaftlich die Wirtschaftspolitik funktionierte, desto besser konnte Exportweltmeister Deutschland auf dem europäischen Markt vom Ende der Währungsvielfalt und der störenden Wechselkurse profitieren – auf Kosten der europäischen »Partner« vor allem im Süden. Jedenfalls so lange, bis die Blase platzte und die Abnehmer deutscher Exportprodukte sich fast bis zur Pleite verschuldet hatten.

Ein konstruiertes, aber realistisches Beispiel mag dies verdeutlichen: Ein griechischer Staatsbediensteter will sich den Traum vom deutschen Volkswagen erfüllen. Er hat gleich mehrfach Glück. Kredite werden kurz nach der Jahrtausendwende von den Banken, die an Zinseinnahmen in Euro interessiert sind, großzügig vergeben. Über die Rückzahlung des Autodarlehens macht sich unser griechischer Beispiel-Beamter keine allzu großen Sorgen. Der Staat entlohnt ihn nicht schlecht, und das in Euro. Dass auch dieser Staat sich verschuldet, um die Gefolgsleute der jeweiligen Regierung bei Laune und die eigene Binnennachfrage nebst Importwirtschaft am Laufen zu halten, interessiert den stolzen VW-Besitzer nicht – nur ganz schlaue Zyniker, die die Schuld an der Krise gern der Normalbevölkerung geben, werden ihm dieses politisch erwünschte Konsumverhalten zum Vorwurf machen. Und ja, vielleicht hat unser glücklicher Autokäufer auch bei der Steuer geschummelt – ganz nach dem Vorbild seiner mit Reichtum gesegneten Landsleute.[15]

Profitiert haben am Ende: der VW-Konzern, der die Exportchancen vielleicht noch zusätzlich gesteigert hatte, indem er – erst recht nach den Arbeitsmarkt-»Reformen« von »Autokanzler« Schröder – das Lohnniveau in Wolfsburg durch ein paar tausend Leiharbeiter senkte; die Bank, die dem Mann das Auto finanzierte, und zwar zu einem profitablen, aber immer noch niedrigen Zinssatz, der mit »Stabilitätspolitik« nach deutschem Vorbild viel und mit griechischen Verhältnissen sehr wenig zu tun hatte; und profitiert haben schließlich diejenigen Banken, die dem griechischen Staat seine zunehmende Verschuldung erst ermöglichten. Darunter wiederum an führender Stelle die deutschen, die an den Zinsen kräftig verdien(t)en.[16]

Niemand bestreitet, dass es sich bei großen Teilen der griechischen Krise um hausgemachte Probleme handelt. Es ist richtig, dass die beiden großen Parteien, die sich dort viele Jahre in der Regierung abgewechselt haben, ihre jeweilige Klientel auf Staatskosten bedienten. Es ist auch richtig, dass vermögende Griechen ihr Geld an der Steuer vorbei ins Ausland verschoben, gerade auch nach der Einführung des Euro, und dass der Staat dagegen kaum etwas unternahm. Und es ist sicher richtig, dass der Nationalsport Steuervermeidung sich auch bei weniger Vermögenden großer Beliebtheit erfreute. Aber ein Land wie Deutschland sollte auf all das weniger überheblich mit dem Finger zeigen. Schließlich ist es das Land, das – wie am Autobeispiel gezeigt – von all diesen Verhältnissen noch am ehesten profitierte. Und es ist das Land, das sich nicht gerade an die europäische Spitze stellte, wenn es um die Sicherung auskömmlicher Steuereinnahmen ging. Deutschland hat vielmehr die eigenen Steuern für Reiche und Unternehmen gesenkt und damit den europäischen Steuersenkungswettlauf noch befördert. Und gegen die Steuerflucht der eigenen Bürger hat es lange Zeit so gut wie nichts unternommen.

All das wissen die Leute in Griechenland, Spanien, Portugal und anderswo. Deshalb blamierte die Kanzlerin unser Land in den vergangenen Jahren, wenn ihr nichts Besseres einfiel als: »Wir können Griechenland im Augenblick dadurch am besten helfen, dass wir deutlich machen: Griechenland soll seine Hausaufgaben machen.«[17] Und an dieser Blamage ändert sich auch nichts, wenn Angela Merkel vom Griechen-Bashing nun auf die Rolle der strengen, aber gutmütigen Erzieherin umgeschult hat. Wie anders als zynisch soll es einem jungen, wie die Hälfte seiner Altersgenossen arbeitslosen Griechen erscheinen, wenn er Sätze wie diese hört: »Es geht zwar auch um Sparen, insbesondere im öffentlichen Sektor. Aber hier geht es vor allem um einen tiefgreifenden und notwendigen Umbau des griechischen Staates, damit die Menschen in Griechenland auf lange Sicht wieder eine Chance haben, auch in Wohlstand zu leben und ihre Zukunft selbst gestalten zu können. Ja, es ist richtig, dass es eine politische Entscheidung ist, zu sagen: Wir wollen, dass Griechenland im Euroraum bleibt. Natürlich sind wir in Europa durch gemeinsame Werte verbunden. Aber das entbindet uns nicht davon, darauf zu achten, dass die Reformen in Griechenland zum Wohle der Menschen in Griechenland wirklich durchgeführt werden müssen.«[18]

Das setzt, nur im Ton etwas freundlicher als früher[19], die alte Linie ungebrochen fort. Das brutale Zusammenstreichen staatlicher Leistungen, unter dem weniger die Steuerhinterzieher leiden als vielmehr ausbildungswillige Jugendliche sowie Arbeitslose, Rentner und Arme, wird als Königsweg zur wirtschaftlichen Gesundung verkauft. Die vernichtenden Folgen dieses Ansatzes für die Kaufkraft der Bevölkerung und damit für die langfristigen Konjunkturaussichten, vor denen inzwischen keineswegs nur »linke« Experten warnen, werden schlicht ignoriert.

Müsste nicht eine Politikerin wie Angela Merkel wenigstens auf einen durch und durch kapitalistischen Selfmademan wie George Soros hören? Soros, 1930 in Ungarn geboren und von dort vor dem kommunistischen Regime in den Westen geflohen, lebt in den USA. Er hat unter anderem mit Währungsspekulationen ein Milliardenvermögen gemacht und betätigt sich heute vor allem als Unterstützer von Nichtregierungsorganisationen wie »Reporter ohne Grenzen«.

In der wirtschaftspolitischen Debatte tritt Soros als einer der profiliertesten systemimmanenten Kritiker des Marktfundamentalismus und der totalen Deregulierung auf, wie Margaret Thatcher und George W. Bush sie verfolgten. In dieser Haltung dürften die Gründe liegen, warum Angela Merkel auch auf die Einwände dieses Mannes nicht hört. Schon bei der Euro-Einführung, so Soros, »war allgemein bekannt, dass der Euro eine unvollständige Währung war. (…) Man hatte zwar eine gemeinsame Zentralbank, aber kein zentrales Finanzministerium, das Anleihen in Form von Schuldverschreibungen aller Mitgliedstaaten ausgeben konnte.«[20] Schon in diesem Geburtsfehler, so der Ex-Spekulant weiter, lag die Gefahr von Staatspleiten begründet. Denn die klassischen geldpolitischen Mittel der Staaten, Wettbewerbsnachteile auszugleichen oder zu umgehen, waren nun nicht mehr vorhanden. Und die andere Möglichkeit – gemeinsame europäische Anleihen – ließen die Gründer des Euro unberücksichtigt: »Die Mitgliedstaaten übersahen allerdings, dass sie dem Risiko eines Bankrotts ausgesetzt sein könnten, wenn sie ihr Recht, Geld zu drucken, aufgeben. Die Finanzmärkte erkannten das erst zu Beginn der griechischen Krise. Die Finanzbehörden verstanden das Problem überhaupt nicht, von einem Bemühen, eine Lösung auszuarbeiten, ganz zu schweigen.«[21]

In den bei Angela Merkel so verhassten[22] Eurobonds also hätte schon damals das Mittel der Wahl gelegen. Robert von Heusinger beschreibt die deutsche Dominanz bei der Schaffung des Euro, die genau diesen Weg schon damals verhinderte, wie folgt: »Es waren deutsche Ökonomen, vor allem aus der Bundesbank und dem Finanzministerium, die Mitte der neunziger Jahre die Institutionen durchgesetzt haben, die sich nun als zu schwach erwiesen haben. Gegen den Widerstand fast aller Ökonomen der anderen Staaten, die damals schon auf mehr Europa pochten. Allen voran setzte sich der damalige

EU-Kommissionspräsident Jacques Delors vehement für eine europäische Wirtschaftsregierung als zentrale Koordinierungsstelle der Währungsunion ein, die als Pendant zur Europäischen Zentralbank gedacht war. Doch das Nein des deutschen Chefverhandlers und späteren Bundesbankpräsidenten Hans Tietmeyer war so deutlich, dass am Ende die Deutschen ihren Willen bekamen.«[23]

Am Ende hatte die Gemeinschaft ihre Währung, aber eine Gemeinschaftswährung war und ist es in Wahrheit nicht.

Die zwangsläufigen ökonomischen Folgen dieser europäischen Fehlkonstruktion veranschaulicht von Heusinger durch einen Vergleich mit dem »gemeinsamen Währungsraum« USA: Im Gegensatz zu den dortigen Bundesstaaten, deren unterschiedliche Wirtschaftskraft durch die Fiskalpolitik der Zentrale in Washington teilweise ausgeglichen wird, müssen im Euroraum »die Staaten selber die antizyklische Fiskalpolitik ausüben oder es lassen wie derzeit«[24].

Mit anderen Worten: Wer schwächelt, aus welchen Gründen auch immer, ist prinzipiell auf sich allein gestellt, da die gegenseitige Hilfe unter den EU-Staaten ja eigentlich verboten ist und eine zentrale Brüsseler Wirtschaftspolitik nicht existiert. Ein Modell, das die engen ökonomischen Verflechtungen in einem einheitlichen Währungsraum schlicht ignoriert und – wie Angela Merkel – so tut, als ließe sich die »Schuld« an Problemen auf nationales Fehlverhalten reduzieren. Ein Modell, das vor allem einem Mitgliedsland über viele Jahre diente: der Exportnation Deutschland. Dem Land also, dessen Kanzlerin heute verschweigt, dass es seinen Aufschwung nach dem Zweiten Weltkrieg nicht zuletzt der Hilfe und Kooperationsbereitschaft der einstigen »Erbfeinde« in Europa und den USA verdankt.

Blamabel für Deutschland ist all das nicht nur aus ethischer Sicht, das auch. Blamabler denn je ist es besonders heute, da

Deutschland so weitermacht wie dereinst unter Kanzler Kohl – obwohl die Erfahrung der Krise selbst den dümmsten Nationalisten gelehrt haben müsste, dass die Rechnung »Eure Schulden gleich unsere Exporterlöse« auf Dauer nicht aufgehen kann. Nicht einmal im deutschen Interesse. Womit wir wieder bei Angela Merkel wären.

Die Schulden der anderen

Bis heute ist es die deutsche Bundeskanzlerin, die am nationalistischen Modell deutscher Vorherrschaft in Europa festhält. Vor allem in der Schuldenfrage setzt sie die schädlichsten Traditionen Kohl'scher Europapolitik fort. Im Überschwang der richtigen Erkenntnis, dass »wir die großen Gewinner des Euro sind«[25], erzählt uns die Regierung immer weiter das Märchen von der Fortsetzung des (Spar-)Modells Deutschland in Europa. Ursula von der Leyen: »Hinter der Frage ›gemeinsame Fiskalpolitik‹ steht eigentlich: Können wir uns vorstellen, dass es eines Tages einen europäischen Finanzminister gibt, der (…) darauf achtet, dass kein Land über seine Verhältnisse Schulden macht.«[26] Auf schlecht Deutsch: Europäische Gemeinsamkeit beginnt und endet mit dem Spardiktat nach deutschem Vorbild. Der Politikwissenschaftler Elmar Altvater bilanziert treffend: »Wenn man Politik als Fähigkeit zur alternativen Gestaltung gesellschaftlicher Zukünfte sieht, ist der Euroraum heute auf einen antipolitischen, autoritären Pfad gedrängt. Als Pfadfinder bieten sich die neoliberalen Fachidioten an.«[27]

Wiederum verweist Robert von Heusinger auf die erfolgreichste Währungsunion der Geschichte, den Dollar: »Trifft ein wirtschaftlicher Schock, etwa die gegenwärtige Finanzkrise, ganz Amerika, sorgt Washington dafür, dass die Wirtschaft wieder in Schwung kommt. Wodurch? Na, durch neue Schulden! Dadurch bleibt die Verschuldung auf der Ebene der Bundesstaaten begrenzt und Arbeitslosigkeit sowie Abschwung werden trotzdem bekämpft.«[28] Eine »starke Zentrale mit gemeinsamen Anleihen« haben die USA übrigens seit 1790, als sie »in der Spekulationskrise mit Staatsschulden vom ersten US-Finanzminister Alexander Hamilton geschaffen worden sind«, schreibt von Heusinger und fügt hinzu: »Euroland befindet sich im Vergleich mit den USA irgendwo kurz vor 1790.«[29] Was allerdings die deutsche Bundeskanzlerin keineswegs zu stören scheint. Sie ignoriert sogar die Tatsache, dass der deutsche Export in den Euroraum gerade wegen der von Deutschland oktroyierten Sparpolitik der südlichen Partner längst zu schwächeln begonnen hat.

Heiner Ganßmann, emeritierter Soziologe der Freien Universität Berlin, hat diese Strategie unter dem schönen Titel »Merkelantismus« beschrieben.[30] Die Wortschöpfung erinnert natürlich absichtlich an den »Merkantilismus« des 16. und 17. Jahrhunderts. Dessen Ziel, so Ganßmann, war es, »mehr an das Ausland zu verkaufen, als vom Ausland zu kaufen, und sich die Differenz mit Gold oder Silber bezahlen zu lassen. (...) Das Übergewicht im auswärtigen Handel sollte die Geldströme ins eigene Land führen und ihm auf diese Art auch zu einem machtpolitischen Übergewicht verhelfen.«[31]

Das klingt wie aus dem Lehrbuch exportgetriebener Machtpolitik nach der Methode Merkel, wenn auch unter ganz anderen historischen Bedingungen. Und wer dem Vergleich bis hierher noch nicht folgen mag, wird sich vielleicht bei der Beschreibung der entscheidenden Nachteile des Merkantilismus an die Gegenwart erinnert fühlen. Ganßmann: »Als Erstes fällt jedem auf, der nicht völlig in der Egomanie nationalstaatlichen Machtstrebens befangen ist, dass ein Exportüberschuss auf Dauer kein verallgemeinerungsfähiges Ziel ist. Wenn alle mehr einnehmen wollen, als sie ausgeben, blockieren sie sich wechselseitig.«[32]

Der Merkelantismus, so Ganßmann, ähnelt dem Merkantilismus in diesem entscheidenden Punkt: Er geht davon aus, dass wir am besten fahren, wenn wir uns verhalten wie Merkels »schwäbische Hausfrau«: Um unseren Reichtum zu mehren, schaffen wir Tag für Tag neue Werte, die wir in Gold verwandeln, in diesem Falle: exportieren. Um von den Reichtümern möglichst viel zu sichern, schränken wir unseren eigenen Konsum schon mal ein wenig ein. Wir sparen, und zwar vor allem im sozialen Bereich und bei den »Lohnkosten« (Schröders Agenda lässt grüßen). So können wir uns dann auch Schuldenbremsen leisten und werden immer reicher, auf Marktradikalen-Deutsch: »wettbewerbsfähiger«. Was allerdings nur so lange funktioniert, wie andere uns unsere Autos und Maschinen abkaufen – und sei es, indem sie sich bei uns verschulden.

Dass das nicht gutgehen konnte, zeigt die Krise seit nun schon mehreren Jahren. Doch Deutschland wiederholt, so Ganßmann, in historischer Blindheit den Fehler der Merkantilisten: »Der Merkelantismus ist die nicht nur von der Regierung, sondern auch in den deutschen Medien gern, laut und häufig vertretene Auffassung, dass die Euroländer, allen voran die ›Problemländer‹, dem deutschen Weg folgen sollten: Mit viel Arbeit und wenig Konsum sollen alle den Export stärken und sich so aus der Schuldenklemme befreien.«[33]

Nun liegt auch im 21. Jahrhundert der Haken in der logischen Tatsache, »dass das Geldverdienen mit Exportüberschüssen kein verallgemeinerungsfähiges Rezept ist. (…) Jedem Außenhandelsüberschuss steht irgendwo anders ein Außenhandelsdefizit gegenüber. Es muss in den meisten Euroländern als schlichter Hohn ankommen, wenn ihnen als Reformstrategie der Merkelantismus aufgedrängt wird. Das deutsche Erfolgsrezept: ›Wir erzielen Rekordexportüberschüsse und sind grandios tüchtig, weil die ganze Welt mehr von unseren Produkten kauft, als wir von der Welt kaufen‹, beruht einfach darauf, dass sich hinreichend viele andere Länder auf mehr oder weniger verschlungenen Wegen bei deutschen Kreditgebern verschulden.«[34]

Die Katze beißt sich in den Schwanz. Die deutsche »Erfolgsstrategie« der vergangenen Jahre erweist sich nicht nur als erkauft mit den Schulden der Nachbarn. Sie erweist sich auch als das Verhalten eines süchtigen Dealers: Ohne den Stoff, mit dem wir andere angefixt haben, kommen wir selbst nicht mehr aus. Wir sind (als Exporteure) abhängig von denjenigen, die wir beliefern. Aber die sind inzwischen »trocken«. Wir drohen, wenn die Nachbarn sich kaputtsparen (müssen) und Schwellenländer wie China weniger wachsen, auf unseren Gütern sitzenzubleiben. Und zwar gerade dann, wenn unsere bisherigen Abnehmer ihre »Hausaufgaben« (Merkel) machen, indem sie sich in die Importunfähigkeit sparen.

Was immer in der Eurokrise mit Zustimmung der Regierung Merkel geschieht: Es dient nicht etwa der Überwindung, sondern der notdürftigen Sicherung dieses deutsch-dominierten und falschen Systems. Die »Hilfen« und »Rettungsschirme« für Griechenland und andere folgen durchgehend dem deutschen Muster, ob sie nun EFSF heißen oder ESM. Die EU verschenkt ja nichts, so gern Angela Merkel den Eindruck erwecken will. Sie gewährt vielmehr den Krisenländern – gemeinsam mit dem Internationalen Währungsfonds IWF – neue Kredite, mit anderen Worten: Sie erlaubt den Krisenländern, weitere Schulden zu machen, unter anderem, um die alten Schulden an die Banken zurückzuzahlen: »›In Griechenland wird das Scheitern der neoliberalen Krisenpolitik immer deutlicher‹, sagte Steffen Stierle von der bundesweiten Attac-Projektgruppe Eurokrise. Von den 195 Milliarden Euro, die bis Ende 2012 aus den sogenannten Hilfspaketen an Griechenland ausgezahlt werden, flössen etwa 175 Milliarden direkt in die Hände privater Gläubiger.«[35] Sie zwingt im Gegenzug diese Staaten, ihre (Sozial-) Ausgaben radikal zu kürzen, damit sie irgendwann auch die neuen Schulden zurückzahlen und vielleicht wieder ein paar deutschen Autos importieren können. Das Geld der Reichen – im Falle Griechenlands wäre es genug, um den Staatshaushalt zu sanieren – liegt derweil unbehelligt und durch die »Eurorettung« halbwegs gesichert auf ausländischen Konten[36] oder erwirtschaftet anderweitig Gewinne, zum Beispiel als Investition in englische oder deutsche Immobilien.[37] Aber Sozialabbau und Lohnsenkung für die Mehrheit werden auch dann noch Millionen Griechen in Armut leben lassen, wenn die akute Krise längst vorüber ist.

Um Missverständnissen vorzubeugen: Es geht nicht um die Frage, ob man gegen Staatsverschuldung ist oder nicht. Es gehört zu den fatalen Erfolgen marktliberaler Propaganda, die Kritiker einseitiger Sparpolitik als Freunde des unbegrenzten Schuldenmachens erscheinen zu lassen. In Wahrheit ist es gerade auch auf der linken Seite des politischen Spektrums längst unumstritten, dass Staaten sich nicht auf Dauer durch zunehmende Kreditaufnahme den Banken ausliefern sollten. Der Streit geht vielmehr um die Frage, ob es dem nachhaltigen Schuldenabbau dient oder nicht, wenn der Staat sich seiner Handlungsmöglichkeiten weitgehend beraubt, durch Kürzung bei Gehältern und Sozialleistungen die Binnennachfrage schwächt und durch ausbleibende öffentliche Investitionen den Abschwung der Konjunktur geradezu heraufbeschwört. Die Antwort, die Merkel nicht wahrhaben will, liegt auf der Hand: Die reine Sparpolitik mindert die Steuereinnahmen zusätzlich und erhöht die Verschuldung auf lange Sicht noch weiter – Griechenland ist das beste Beispiel.[38]

Die Alternative liegt einerseits in einer Politik, die ein gewisses Maß an zusätzlichen Schulden vorübergehend in Kauf nimmt, solange es darum geht, die Konjunktur und damit die Quelle künftiger Steuereinnahmen wieder einigermaßen zum Sprudeln zu bringen.

Sie liegt andererseits auf der Einnahmenseite, also bei der Steuerpolitik. Doch auf eine Ankündigung der Kanzlerin, hohe Einkommen und Vermögen stärker zur Schuldenreduzierung heranzuziehen, hat Deutschland bis zum Redaktionsschluss dieses Buches vergebens gewartet (wobei nie auszuschließen ist, dass Angela Merkel – wenn der Wahlsieg in Gefahr erscheint – auch hier ein symbolisches Zugeständnis macht, um dem Gegner den Wind aus den Segeln zu nehmen). Stattdessen erzählt uns Schwarz-Gelb von morgens bis abends, der Staat sei das Gleiche wie die berüchtigte »schwäbische Hausfrau«, die mit dem hauszuhalten hat, was der Gatte nach Hause bringt. Dass der Staat geradezu existiert, um die Verteilung des Reichtums im Sinne des Gemeinwohls zu »steuern« – und zwar vornehmlich über das Einnehmen von Steuern –, das wird von dieser Seite systematisch verschwiegen.

Zusätzlich zu den »Rettungsschirmen« und ihren sozial vernichtenden Bedingungen hat Deutschland den Fiskalpakt durchgesetzt, der die europäischen Partner per »Schuldenbremse« nach deutschem Vorbild auf die Politik der einseitigen Ausgabenreduzierung verpflichtet. Dieses neue europäische Vertragswerk ist der sichtbarste »Erfolg« der deutschen politischen Strategie. Ein fataler Erfolg ist es nicht etwa deshalb, weil es falsch wäre, die Abhängigkeit der Staaten von Krediten der Finanzindustrie zu reduzieren. Fatal ist dieser Pakt deshalb, weil er die Sanierung der öffentlichen Haushalte praktisch ausschließlich von der Ausgabenseite her »denkt«.

Auf der Einnahmenseite hat sich die Regierung Merkel zwar – nicht zuletzt, um die Zustimmung von SPD und Grünen[39] zum Fiskalpakt zu erkaufen – zur Einführung einer Finanztransaktionssteuer bequemt. Anders als bei den Dingen, die Angela Merkel sich wirklich wünscht, hat es verdächtig lange gedauert, bis wenigstens elf EU-Länder diesen Schritt beschlossen. Und gemessen an der gewaltigen Lücke zwischen öffentlicher Armut und privatem Reichtum bedeutet dieser Schritt nur einen Bruchteil des Notwendigen.[40]

Als zumindest kurzfristige Alternative zur deutsch-dominierten Politik des Kaputtsparens empfehlen keineswegs nur linke Ökonomen, sondern auch etwa der ehemalige Deutsche-Bank-Chefvolkswirt Thomas Mayer[41] die einzigen Schritte, die – durchaus noch innerhalb der kapitalistischen Logik – der gemeinsamen Währung ein geld- und finanzpolitisches Fundament geben könnten: Die Schulden der Eurostaaten müssten – erstens – zumindest in Teilen vergemeinschaftet werden, um die Lasten, die aus den Unterschieden der nationalen Ökonomien entstehen, wenigstens im Ansatz besser zu verteilen. Um – zweitens – den Teufelskreis zu durchbrechen, der von der Überschuldung einzelner Staaten über deren erzwungene Sparpolitik und die daraus folgende Rezession zu noch mehr Überschuldung führt, bedürfte es eines spürbaren Schuldenschnitts.

Beides wird von denjenigen verhindert, die bis heute gerne den Eindruck erwecken, das ökonomische Gefälle in Europa sei ausschließlich griechischer Faulheit, spanischer Bequemlichkeit oder portugiesischer Völlerei geschuldet. Die Kämpfer gegen gemeinsame europäische Anleihen (Eurobonds) und Schuldenschnitt sind diejenigen, die uns erzählen, vor allem Deutschland könne der Krise mit einer Gemeinschaftswährung ohne gemeinsame Verantwortung entgehen. Es sind jene, die uns verschweigen, dass dieser Weg auch Deutschland am Ende schaden wird. Es sind die Neoliberalen und Nationalegoisten in Berlin, und an der Spitze steht – richtig! – Angela Merkel.

Am 26. Juni 2012 besuchte Merkel die Bundestagsfraktion der FDP. Anschließend wussten die deutschen Medien übereinstimmend Folgendes zu berichten: »Bundeskanzlerin Angela Merkel (CDU) [hat] einer gemeinschaftlichen Haftung für Schulden europäischer Staaten eine deutliche Absage erteilt.

Eine gesamtschuldnerische Haftung – zum Beispiel über Eurobonds – werde es nicht geben, ›solange ich lebe‹, sagte Merkel am Dienstag in einer Sitzung der FDP-Bundestagsfraktion. (...) Einige liberale Abgeordnete sollen der Kanzlerin daraufhin zugerufen haben: ›Wir wünschen Ihnen ein langes Leben!‹«[42]

Einen Tag später äußerte sich die Kanzlerin zu einem EU-Bericht[43], in dem gemeinsame Schulden der Eurostaaten befürwortet wurden: »Ich widerspreche entschieden der in dem Bericht niedergelegten Auffassung, dass vorrangig der Vergemeinschaftung (von Schulden) das Wort geredet wird. Ganz abgesehen davon, dass Instrumente wie Eurobonds, Euro-Bills, Schuldentilgungsfonds und vieles mehr in Deutschland schon verfassungsrechtlich nicht gehen – ich halte sie auch ökonomisch für falsch und kontraproduktiv.«[44]

Schon an jenem Sommertag im Juni hätte eigentlich ganz Deutschland den Kopf schütteln müssen: »Solange ich lebe«? Wählen wir unsere Regierungschefs neuerdings auf Lebenszeit? In welcher Welt lebt eine Politikerin, die mal ganz nebenbei vergisst, dass man sie auch abwählen kann?

Blamabel schon dies, aber entscheidend war etwas anderes: Die deutsche Bundeskanzlerin hatte sich erneut geoutet als diejenige Politikerin, die lieber so tat, als könnte Europa seine Probleme weiter auf dem Rücken aller außer Deutschlands lösen, als den Menschen zu sagen, was sie längst wusste: dass an der »Vergemeinschaftung« kein Weg mehr vorbeiführen würde. Sie verbreitete ihre Lüge bis zuletzt und verzögerte jeden Schritt zur gemeinsamen Verantwortung so lange, wie es nur ging. Erst als »die Märkte« – der einzige Ratgeber, auf den sie wirklich hört – so ganz und gar nicht zu beruhigen waren, gab die deutsche Bundeskanzlerin nach. Nicht etwa, indem sie ihre Politik offen, unter parlamentarischer Kontrolle und für alle sichtbar korrigiert hätte. Nein! Sie überließ es der Europäischen Zentralbank, den Schritt zu tun, den sie aus Angst vor dem selbst geschürten Nationalismus ihrer Wähler nicht tat.

Am 6. September 2012, 41 Tage nach Merkels peinlichem Bekenntnis vor der FDP-Fraktion, verkündete EZB-Chef Mario Draghi bei einer Pressekonferenz in Frankfurt am Main das neue Programm zum Ankauf von Staatsanleihen, also zur Übernahme von Schulden europäischer Krisenländer. Um der Spekulation zu begegnen und die Zinsen auf diese Titel zu senken, so der Notenbank-Chef, werde man die Staatsanleihen bei Bedarf unbegrenzt aufkaufen.[45]

Das war, wie nicht nur SPD-Fraktionsgeschäftsführer Thomas Oppermann bemerkte, nichts anderes als die Vergemeinschaftung von Schulden, gegen die sich die Bundeskanzlerin so vehement gewehrt hatte. Nur dass diese gemeinsame Haftung nun »durch die Hintertür« stattfinde, so Oppermann laut Berliner *Tagesspiegel*: »Während Kabinettsmitglieder scheinheilig vor der Vergemeinschaftung von Schulden warnten, benutze Merkel ›auf schamlose Weise‹ die EZB, um die Schulden heimlich zu vergemeinschaften. Die EZB solle ›im Wahljahr durch den Ankauf von Staatsanleihen für Ruhe sorgen‹. Merkel wisse, dass sie im eigenen Lager keine Mehrheit habe. ›Um die Wähler nicht aufzuschrecken, umgeht sie das Parlament‹, sagte der SPD-Politiker.«[46]

Nun war das Aufkaufprogramm der europäischen Notenbank zwar nicht gerade ein nachhaltiger Beitrag zur Lösung der Krise, aber zur Linderung trug es ganz offensichtlich bei: Die Zinsen für Schuldtitel der Krisenstaaten gingen zurück, weil die EZB – stellvertretend für die Mitgliedstaaten – faktisch für ihren Wert garantierte und haftete. Damit war die von Merkel lange bekämpfte Vergemeinschaftung der Schulden zum einstweilen erfolgreichsten Mittel zur Bekämpfung der akuten Krise geworden. Die blamierte Deutsche aber tat, als habe sie mit der Entwicklung, von der sie gerade widerlegt wurde, nichts zu tun: »Die EZB reagiert unabhängig und im Rahmen ihres Mandates.«[47]

Und auch nach dieser Wende tat die Regierung des größten und mächtigsten Eurolandes weiter so, als funktioniere das Prinzip »Ihr spart für unser Geld« noch immer. Sie verschweigt natürlich, dass die deutschen »Wohltaten«, soweit sie überhaupt zur Auszahlung kommen, ausschließlich aus Krediten bestehen, die sich entsprechend verzinsen, wenn die griechische Staatspleite vermieden wird. Von Angela Merkel jedenfalls hat man so ehrliche Worte noch nicht gehört wie vom finnischen Europaminister. Alexander Stubb, einer der wenigen Verbündeten der Kanzlerin, spricht das national-egoistische Argument, das sie verschweigt, in aller Offenheit aus: »Für die eine Milliarde Kredit an Athen haben wir 53 Millionen Euro Zins erhalten. (...) Kein einziger finnischer Euro ist bisher verlorengegangen.«[48]

In Deutschland verschwand der aus der Griechenland-Rettung gezogene Profit[49] lange hinter Schlagzeilen wie »Neue Milliarden für Griechenland«. Erst als die Bundesregierung vor der Herausforderung stand, die »Kosten« eines neuen Rettungspakets zu rechtfertigen, rückte Finanzminister Wolfgang Schäuble sozusagen rückwirkend mit der bisherigen Praxis heraus: »Jetzt kostet es insofern, als wir nicht mehr an den Zinsen für die Kredite an Griechenland verdienen«, sagte er Ende November 2012.[50] Tatsächlich bestand die erstmalige »Belastung« des Bundeshaushalts nun darin, dass Deutschland den Griechen einen Teil des Profits zurückgab, den es mit Zinsen aus Griechenland bisher machte.[51] Und selbst dann logen »Leitmedien« wie RTL das werte Publikum noch ungeniert an: »Erstmals deutsches Steuergeld für Athen.«[52]

Natürlich lehnte die deutsche Regierung, solange es ging, auch einen echten Schuldenschnitt für Griechenland ab. Stattdessen wurde wieder ein Umweg gewählt: Man ließ die Griechen einen Teil ihrer alten Papiere mit neuem geliehenem Geld zurückkaufen. Athen zahlte dafür 34 Prozent des ursprünglichen Nennwerts von insgesamt 30 Milliarden Euro. Entsprechend verringerten sich zum einen die Schulden. Es sank zum anderen auch die Zinslast, weil das frisch geliehene Geld zu günstigen Konditionen vom Europäischen Stabilitätsmechanismus ESM aufgenommen wurde und nicht von den Griechen selbst (de facto also ein Stück jener gemeinsamen europäischen Schuldenaufnahme, die offiziell tabu bleibt, weil sich Deutschland ihrer offenen und konsequenten Einführung immer wieder verweigerte – ebenso wie einem klaren und spürbaren Teilerlass für alle Verbindlichkeiten Griechenlands).

So gab es zwar für den griechischen Staat ein wenig Entlastung. Aber wieder blieben auf den (auf deutschen Druck) gewählten verschlungenen Umwegen ein paar schöne Brocken für die private Finanzindustrie liegen: Kurz nach Abschluss des Rückkaufs wurde bekannt, dass der Hedgefonds Third Point auf die Aktion spekuliert und griechische Staatsanleihen zum Spottpreis erworben hatte. Die Differenz zwischen dem ursprünglichen Kaufpreis und dem Rückkauf durch Griechenland brachte Third Point 500 Millionen Dollar ein. Eine halbe Milliarde, die letztlich aus dem »Rettungsschirm« der Europäer stammte.[53]

Selbst Vertreter der deutschen Finanzindustrie, die von der Dominanz der Bundesrepublik nicht schlecht profitiert (hat), warnen heute vor einer Beibehaltung der unvollendeten Union. Thomas Mayer, ehemals Chefvolkswirt der Deutschen Bank, erinnert wie Robert von Heusinger[54] an die Entwicklung des Währungsraums USA. Das »Rollenmodell« für die europäischen Krisenstaaten liegt nach Mayers Ansicht in den Vereinigten Staaten des 19. Jahrhunderts. Dort hatte der Senat »im Jahre 1842 Forderungen der Bundesstaaten nach einer Schuldenübernahme zurückgewiesen und damit das Prinzip der fiskalischen Verantwortung etabliert«, schreibt Mayer in scheinbarer Übereinstimmung mit Angela Merkels Credo von der Haushaltsverantwortung der Einzelstaaten. Aber: »Das politische System der USA kombinierte damals die Souveränität der Staaten mit fiskalischer Verantwortung in einer Gemeinschaft der Gleichen. Das scheint ein vielversprechenderes Modell für Europa zu sein als beispielsweise Deutschland in der Rolle der dominierenden Macht, die Haushaltsdisziplin durch politischen Druck erzeugt.«[55]

In seinen Schlussfolgerungen ist selbst Mayer – der keineswegs im Verdacht stehen dürfte, den Finanzkapitalismus überwinden zu wollen – schon wesentlich weiter als Angela Merkel. Er fordert »eine Institution, die die Wirtschaftspolitik [der Staaten] überwacht, Anpassungsnotwendigkeiten identifiziert und Anpassungsmaßnahmen unter Bedingungen finanziert«. Mayer fügt hinzu: »Das ist natürlich nichts anderes als ein Internationaler Währungsfonds für Europa – oder ein Europäischer Währungsfonds.«[56]

Um die Voraussetzungen für diese neue – und wenigstens geldpolitisch integrierte – Struktur zu schaffen, würde ein Schuldenschnitt unumgänglich sein, zumindest für Griechenland. Das war den EU-Finanzministern und ihren Regierungschefs längst klar, als sie im Herbst 2012 das x-te »Rettungspaket« verabschiedeten. Jeder Beteiligte wusste, dass dieser Erlass der einzige Weg zu einem Neuanfang sein würde, indem er die bisherigen staatlichen und privaten Profiteure an den Lasten der Krise beteiligte. Aber es gab in Europa ein Land, dessen Regierung diese Notwendigkeit um keinen Preis wahrhaben (oder jedenfalls gegenüber der Bevölkerung nicht zugeben) wollte: die Bundesrepublik Deutschland, den größten staatlichen Nutznießer der Fehlkonstruktion namens Euro. Angela Merkel: »Wir lehnen diesen Schuldenschnitt ab.«[57]

»Im Jahr der Bundestagswahl«, schrieb die *Süddeutsche Zeitung*, »will der deutsche Finanzminister nicht auf Geld verzichten, das Deutschland den Griechen geliehen hat – zumal sich in einer aktuellen Umfrage eine Mehrheit der Bundesbürger dafür ausspricht, Griechenland neue Hilfen zu verweigern und lieber bankrottgehen zu lassen. ›Wir dürfen keine falschen Anreize für ein Nachlassen der griechischen Reformbemühungen setzen. Wenn man sagt, die Schulden werden erlassen, dann ist die Bereitschaft zum Sparen entsprechend geschwächt‹, begründete Schäuble im Bundestag sein Nein zu einem Schuldenschnitt.«[58] Es war die alte Leier: Die Kredite, mit denen die Griechen und andere sich erpressen lassen, gibt Deutschland nicht aus der Hand.

So wehren sich Angela Merkel und ihre Regierung weiter gegen die Vergemeinschaftung der Schuldenpolitik. Selbst wenn sie so tun, als strebten sie neue gemeinschaftliche Institutionen an, dient das nur der Abwehr einer echten Vertiefung der EU. So redet beispielsweise Wolfgang Schäuble gelegentlich von einem Finanzminister für den Euro. Das klingt europäisch, bedeutet bei ihm aber nichts anderes als die Sicherung des von Deutschland dominierten Kurses: »Worauf sein Modell zielt, verdeutlicht eine weitere Idee«, analysierte Markus Sievers in der *Frankfurter Rundschau* treffend. »Wie aus Berliner Regierungskreisen verlautete, gehört zu Schäubles Europa-Konzept auch ein Sperrkonto für Griechenland. Darauf sollen alle Hilfsgelder und alle Steuereinnahmen gehen. Mit diesen Mitteln müsste die Regierung in Athen zuerst ihre Gläubiger bezahlen. (…) Nur von dem, was übrig bleibt, könnte sie ihre Beamten bezahlen, die Renten, die Rechnungen für Handwerker oder Straßenbaufirmen.«[59]

Mal mit Ablenkungsmanövern dieser Art, mal mit Verzögerungstaktiken stellt Angela Merkel sich nun seit Jahren quer, und das hat seinen Grund, denn sie weiß: Die Geldpolitik wäre nur das erste Feld, auf dem der europäische Wirtschaftsraum neu zu schaffen wäre, wollte man etwas anderes als ein Europa in deutschen Diensten. »Eine Währungsunion verlangt nämlich mehr als eine (...) monetäre Konvergenz. Sie verlangt die politische Union«, schreibt Elmar Altvater. »Eine Angleichung der Lebensbedingungen der Menschen (bei gleichzeitiger Akzeptanz der Sprach- und Kulturunterschiede) ist die Voraussetzung dafür, dass diese – als Wirtschaftsbürger gleichgestellt – auch die gleichen staatsbürgerlichen Rechte und Pflichten im gemeinsamen Europa ausüben können. Das aber stellt sich nicht als Nebeneffekt der Markt- und Geldintegration her, sondern muss politisch aktiv angestrebt werden. Dasselbe gilt für die sozialen Rechte in der Arbeitswelt oder für den Umweltschutz.«[60]

Doch hierzu bedürfte es einer anderen Vision als des nationalistischen Neoliberalismus von Angela Merkel. Es ginge darum, Europa als solidarische Gemeinschaft zu denken – solidarisch unter den Ländern, solidarisch aber auch innerhalb der von zunehmender sozialer Spaltung betroffenen Gesellschaften. Das wäre die Anknüpfung an die guten Traditionen der frühen Nachkriegseuropäer.

Jürgen Habermas hat darauf hingewiesen, dass eine solche Wende nicht einfach wäre, denn die nationalen Ressentiments, die Inflations- und Verlustängste bei vielen Deutschen sind ja vorhanden und werden nicht zuletzt von Angela Merkel bei jeder Gelegenheit geschürt. »Wahlen und Abstimmungen«, sagte Deutschlands renommiertester Philosoph gut ein Jahr vor der Bundestagswahl, »sollen nicht nur ein Spektrum bestehender Vorlieben abbilden, sondern Urteile über die Programme und die Personen, die zur Wahl stehen (...). In einer Demokratie genügen politische Wahlen nicht ihrer systemischen Bestimmung, wenn sie bloß die Verteilung von Präferenzen und Vorurteilen registrieren.« Das klingt nach Binsenweisheit, ist aber nichts anderes als der höflich verpackte Hinweis darauf, dass sich die deutschen Parteien – und zuallererst die Kanzlerin – lieber selbst geschürter »Vorlieben« bedienen, als der Tatsache Rechnung zu tragen, dass es in der Demokratie »in erster Linie der Initiative, der Aufklärung und der Organisationsfähigkeit von politischen Parteien [bedarf]«[61]. Es ist das vernichtende Urteil über das, was Elmar Altvater weniger verklausuliert als »antipolitischen, autoritären Pfad« beschreibt.[62]

Habermas weiß sehr wohl, wie schwer dieser Pfad wieder zu verlassen ist: »Keine Partei kann es sich leisten, als erste mit proeuropäischen Parolen aus der Deckung zu kommen, ohne von kurzsichtigen Konkurrenten (…) eine populistische Abstrafung befürchten zu müssen.« Und doch verlange die Europafrage »von den politischen Eliten einen ganz anderen, einen argumentativen und führungsstarken, einen mentalitätsprägenden Politikmodus. Es geht (…) um Überzeugungsarbeit.«[63]

Wer diesen Befunden zustimmt, sollte jedenfalls auf Angela Merkel nicht hoffen. Mit ihr als Kanzlerin wird sich vielmehr Habermas' pessimistische Prognose bewahrheiten: »Die Regierungen werden die nötigen Befugnisse auf europäischer Ebene konzentrieren, um ›die Märkte‹ zu befriedigen; aber gleichzeitig wollen sie versuchen, die wahre Bedeutung dieses Integrationsschrittes vor dem heimischen Wählerpublikum herunterzuspielen (…). Nach diesem Szenario befinden wir uns auf dem postdemokratischen Wege zu einem marktkonformen, das heißt auf Finanzmarktimperative zugeschnittenen Exekutivföderalismus. Dabei würde nicht nur die Demokratie auf der Strecke bleiben; wir würden gleichzeitig die Chance verspielen, die Finanzmärkte (…) zu regulieren.«[64]

Merkel, die märkische Marktfrau

Von wegen »schwäbische Hausfrau«. Wenn schon hinkende Vergleiche aus dem Alltagsleben, dann ist Angela Merkel allenfalls eine märkische[1] Marktfrau. Im Hintergrund ihres zuvor hier beschriebenen Handelns steht eine unausgesprochene, vielleicht sogar unreflektierte Überzeugung. Der Markt, oder, wie es in Finanzfragen so schön heißt: »die Märkte« sind die letzte Instanz. Nicht sie haben sich nach den Bedürfnissen der Demokratie und des Gemeinwohls zu richten, sondern umgekehrt: Der Markt bestimmt, die Politik passt sich an. Mag sein, dass diese Kanzlerin uns regiert. Aber sie lässt sich ihrerseits regieren von »den Märkten«. Sie ist die Kanzlerin der »marktkonformen Demokratie«, wie sie es selbst einmal nannte.[2]

Nun kommt es sehr selten vor, dass Angela Merkel ihre wahren politischen Beweggründe derart klar in Worte fasst wie beim Ausspruch von der »marktkonformen Demokratie«, der es immerhin in die engere Auswahl für das Unwort des Jahres schaffte.[3] Doch ausgerechnet bei diesem zentralen Thema passiert es sogar häufiger, dass sich zwischen pflichtgemäße Bekenntnisse zur Finanzmarktregulierung ein Stück Wahrheit schleicht. So begründete die Kanzlerin ihre Forderung nach »mehr Europa« im Juni 2012 ganz unverhohlen mit den Worten: »Die Märkte erwarten, dass wir zusammenrücken.«[4] Und Ursula von der Leyen, die selbsternannte Mutter des mitfühlenden Konservatismus, kann ihrer Chefin auch in Sachen Neoliberalismus locker das Wasser reichen: »Der symbolische Schaden, wenn wir zuließen, dass es [Griechenland aus dem

Euro] herausgebrochen wird, wäre gewaltig. (…) Schnell wäre das nächste schwächere Land an der Reihe. Dann ist es nur noch eine Frage der Zeit, bis sich die Investoren fragen: Lohnt sich der bröckelnde europäische Kontinent überhaupt noch für uns?«[5]

Diese Äußerungen kommen keineswegs als die ideologischen Bekenntnisse daher, die sie eigentlich sind. Die Sätze fallen eher nebenher – ganz so, als gelte es, hin und wieder auf ein Naturgesetz hinzuweisen, dem zu folgen schlicht »alternativlos«[6] ist, wie Angela Merkel sagen würde (mit diesem Wort hat sie die Unwort-Wahl sogar »gewonnen«[7]). Es wirkt, als sei die beherrschende Rolle des Marktes für die Kanzlerin und ihre Regierung so selbstverständlich, dass ihnen gar nicht auffällt, wie sie sich und ihre Beweggründe entlarven.

Durch die Tatsache, dass diese Regierung sich gleichzeitig zur Regulierung der Finanzmärkte bekennt, ist der Befund des Marktfundamentalismus keinesfalls widerlegt. Die vorübergehende Implosion der spekulationsgetriebenen Finanzmärkte hat weltweit jede und selbst die neoliberalste Regierung gezwungen, ein Mindestmaß an Regulierung und Kontrolle zu befürworten und zu betreiben. Hier stellt sich nicht die Frage nach dem »Ob«, hier stellt sich die Frage, wie konsequent reguliert wird und wie weit die Bemühungen über symbolische Aktionen hinausgehen. Und hier blamiert sich die Regierung Merkel durch notorische Beschränkung auf das Minimum und Bekämpfung oder Verzögerung aller weitergehenden Schritte.

Als CDU/CSU und FDP unter dem noch frischen Eindruck der Finanzkrise und weit verbreiteter Kritik an »den Märkten« ihr schwarz-gelbes Bündnis schlossen, sahen sie sich durchaus genötigt, mehr Regulierung zu versprechen: »Unser Ziel ist es, dass die Akteure auf den Finanzmärkten nicht wieder in alte Verhaltensmuster zurückfallen, wie sie vor der Krise zu beobachten waren«, schrieben sie in den Koalitionsvertrag vom

26. Oktober 2009. »Deutschland wird Initiativen ergreifen, um auf europäischer und internationaler Ebene eine Vorreiterrolle bei der Vermeidung zukünftiger Krisen wahrzunehmen. Denn in Zukunft darf es kein Finanzmarktprodukt, keinen Finanzmarktakteur und keinen Finanzmarkt geben, die nicht reguliert und beaufsichtigt sind. Zudem werden wir für eine effektivere und stringentere Regulierung und Aufsicht national und international sorgen.«[8]

Schon vor der Wahl von 2009, die ihre zweite Regierung ins Amt brachte, hatte die Kanzlerin ihren wohltönenden Dreiklang bei jeder Gelegenheit wiederholt, jedenfalls seit Beginn der heißen Krisenphase im Jahr 2008: Kein Finanzmarktprodukt, kein Finanzmarktakteur und kein Standort weltweit sollte künftig der Regulierung entzogen bleiben. Das klang gut. Unerwartet gut auch in den Ohren derjenigen, die genug hatten von der Orgie des entfesselten Finanzkapitals, die in der Krise ihr Ende zu finden schien.

Da fiel es fast schon nicht mehr auf, dass die schwarz-gelben Partner im Koalitionsvertrag zwischen ihren Bekenntnissen zur Regulierung einen Satz der anderen Art versteckten: »Die Einhaltung des europäischen Stabilitätspakts hat für uns Priorität.«[9] In dieser Aussage steckt, verborgen hinter dem vermeintlich vertrauenswürdigen Wort »Stabilität«, der eigentliche Kern der schwarz-gelben Ideologie: das altbekannte neoliberale Programm der Schuldenreduzierung durch staatliche Sparprogramme, also die systematische Verarmung der öffentlichen Hand.

Der entscheidende Unterschied zwischen beiden Aussagen (Regulierung hier, Spardiktat dort) liegt nicht nur in ihrer Zielrichtung. Er liegt vor allem in der realen Politik, die darauf folgte. Die Drohung, die Staatsausgaben um jeden Preis zu drosseln, hat Merkel auf verheerende Weise wahr gemacht, wie im vorangegangenen Kapitel geschildert. In Deutschland (noch) nicht mit aller Härte, aber dafür umso brutaler als faktisches Diktat gegenüber den europäischen »Partnern« im Süden.

Ganz anders bei der Regulierung: Die Ankündigung, die Finanzmärkte konsequent einzugrenzen, erweist sich als nahezu folgenlose Rhetorik, als typisch Merkel'sches Täuschungsmanöver für Wählerinnen und Wähler, die den entgrenzten Märkten kritisch gegenüberstehen. Sie ist ein großenteils leeres Versprechen geblieben. Die ideologische Blaupause für diese Regierung bildet, aller Rhetorik zum Trotz, das neoliberale Gedankengut, zu dem nicht nur Angela Merkel sich bis kurz vor der Finanzkrise auch noch offen bekannte.

Im Jahr 2005, vier Jahre vor dem schwarz-gelben Regierungsantritt, schlossen CDU/CSU und SPD den Vertrag zur Bildung der großen Koalition. Die SPD, deren Spitze gerade mit den Grünen an der Agenda 2010 gescheitert war, rettete sich bekanntlich als Merkels Juniorpartnerin in die nächste Regierung. Als Finanzminister stand ein gewisser Peer Steinbrück bereit. Steinbrück, bis zum Sommer desselben Jahres Ministerpräsident in Nordrhein-Westfalen, hatte gerade mit dem schlechtesten Ergebnis der SPD seit 1954 seine Landtagswahl verloren und war im Juni von Jürgen Rüttgers (CDU) abgelöst worden. Was ihn nach SPD-interner Logik für höhere Aufgaben qualifizierte.[10]

In dem Kapitel, das sich der werdende Finanzminister Steinbrück und seine Partner in die Koalitionsvereinbarung schrieben, hieß es unter anderem: »Zur Erleichterung der Kreditvergabe durch die Banken werden wir auch die Regulierung der Finanzaufsicht auf das notwendige Maß zurückführen.«[11] Oder: »Deshalb müssen wir vor allem steuerlich attraktive Rahmenbedingungen für die Anlage von Vermögen in Wagniskapital schaffen«[12], unter anderem durch »Überarbeitung der Regelungen für den Bereich Private Equity«[13] – also genau für jene

Kurzfristinvestoren und Schnellabsahner, die Parteifreund Franz Müntefering kurz zuvor publikumswirksam und im Kern zu Recht als »Heuschrecken« bezeichnet hatte. Bei der Entwicklung des »Finanzbinnenmarkts«, so der Vertrag weiter, »ist vor jeder neuen gesetzgeberischen Maßnahme durch eine Kosten-Nutzen-Analyse zu prüfen, ob durch die neue Maßnahme ein Mehrwert geschaffen werden kann oder ob der Markt es besser selber regeln (...) kann«.[14]

Das war, in lähmender Einigkeit der mehr oder weniger großen Parteien[15], der Mainstream der Vorkrisenjahre. Schon bevor die große Koalition in Deutschland die annähernd totale Unterwerfung unter die Märkte »versprach«, hatten die Deregulierer in Europa ihr Werk getan: Die EU hatte bereits 2004 eine Richtlinie verabschiedet, die die Finanzmärkte radikal deregulierte – jenseits der großen Öffentlichkeit und offenbar unbeachtet selbst von der politischen »Elite«.[16] Mit der Finanzmarkt-Richtlinie (englisch: Markets in Financial Instruments Directive, abgekürzt: Mifid) »wurde der Rahmen für eine Art europäischen ›Markt für die Märkte‹ geschaffen, der sich strikt an der neoliberalen Logik unbeschränkter Konkurrenz orientierte«, schreiben die in Paris lehrenden Soziologen Paul Lagneau-Ymonet und Angelo Riva.[17] Ausgerechnet mit dem Beginn der akuten Krise, zum 1. November 2007, trat das europäische Gesetzeswerk in Kraft.

Damit wurden die wildesten Auswüchse der Finanzmärkte nicht etwa reguliert oder gar reduziert. Sie wurden im Gegenteil nachträglich legalisiert und zusätzlich erleichtert. Vor allem Handelsplattformen, die jenseits der Börsen und der entsprechenden Regeln agierten, bekamen nun den offiziellen Segen der Europäischen Union.[18] Die klassische Rolle der Börsen, als zumindest potenziell für alle einsehbarer Handelsplatz zu fungieren und allgemeingültige Regeln für den Wertpapierhandel zu garantieren, war von nun an endgültig Vergangenheit. Unkontrollierte und schwach bis gar nicht regulierte Handelsplattformen machten den Börsen ihre Rolle noch erfolgreicher streitig als schon vor ihrer offiziellen Legalisierung.

Die Regulierung dieser »Schattenbanken« durch die EU lässt übrigens bis heute auf sich warten. Und die deutsche Kanzlerin tut, was sie immer tut: Sie bekennt sich prinzipiell zu notwendigen Maßnahmen[19], hat aber bei der praktischen Umsetzung, anders als bei Fiskalpakten und weiteren Spardiktaten, jede Menge Zeit. »›Ich sehe, dass einige das Gefühl für die Dringlichkeit verlieren‹, bemängelte der sonst so zurückhaltende EU-Ratspräsident Herman Van Rompuy kürzlich – und meinte damit vor allem die Bundesregierung«, notierte die *Zeit* im Oktober 2012.[20]

Wer wissen will, wo die Blase wuchs, die mit der Pleite der Bank Lehman Brothers platzte, wird in dieser Grauzone des unkontrollierten Spekulierens fündig. Wie gesagt, es gab sie schon vorher. Aber dass die EU in den Jahren vor 2007 nichts Besseres zu tun hatte, als das Geschäft der Schattenbanken mit Derivaten und mit Derivaten von Derivaten praktisch jeder Kontrolle zu entziehen, das spricht schon Bände über die marktliberale Besessenheit der Politik zum Beginn des dritten Jahrtausends. »Seit einem Jahr ist uns bewusst, dass wir nicht mehr imstande sind, unsere grundlegende Aufgabe der Überwachung der Finanzmärkte zu erfüllen«[21], gab Jean-Pierre Jouyet knapp drei Jahre nach Inkrafttreten von Mifid unumwunden zu. Und Jouyet war nicht irgendwer, sondern Präsident der französischen Behörde zur Aufsicht über die Finanzmärkte (Autorité des marchés financiers, AMF).

So machte es die Politik den Risiko-Spekulanten, die uns die Krise am Ende eingebrockt haben, immer leichter. Wer bis hierher noch glaubt, das sei doch zumindest für uns in Ordnung, denn schließlich profitierten auch unsere Lebensversicherungen von schönen Erträgen, der unterliegt einer bösen Illusion. Man muss sich nur die Entwicklung deutscher Lebensversicherungen betrachten. Der Garantiezins für neu abgeschlossene Verträge, seit dem Zweiten Weltkrieg nie unter drei Prozent und im Jahr 2000 bei vier Prozent, sank seit Juli 2000 kontinuierlich. Er liegt seit dem 1. Januar 2012 bei 1,75 Prozent und damit unterhalb der aktuellen Inflationsrate von etwa zwei Prozent.[22] Auch die real ausgezahlten Erträge – für viele Menschen ein großer Teil der Versorgung im Alter – gingen zurück: Der Branchenführer Allianz gab Ende des Jahres 2012 bekannt, für 2013 fällige Policen nur noch 4,2 statt 4,5 Prozent auszuzahlen, beim Konkurrenten Ergo sank der Ertrag sogar von 4,15 auf 3,55 Prozent.[23] Die Lebensversicherer sind – anders als Spekulanten auf eigene Rechnung – mit guten Gründen dazu verpflichtet, stärker auf sichere Papiere zu setzen. Die aber, vor allem die deutschen, werfen praktisch keine Zinsen mehr ab, weil sich die Investoren um sie reißen, seit ihnen der Profit mit Krisenstaaten-Anleihen nicht mehr sicher genug erscheint.

Um auf das Thema des vorigen Kapitels zurückzukommen: Hätte Deutschland Mitverantwortung für die Finanzprobleme der europäischen Partner übernommen, dann wären die Zinsen für unsere Staatsanleihen etwas höher. Das hätte zwar die deutschen Steuerzahler entsprechend stärker belastet. Aber sie hätten es verkraftet, hätte man die Last vor allem den Vermögenden und Spitzenverdienern auf die Schultern gelegt. Dafür wäre der Euro ein Stück sicherer geworden – und der Rentner, der jahrzehntelang für seine Lebensversicherung bezahlt hat, hätte in Zukunft etwas mehr davon.

Diesen Hintergrund sollte kennen, wer die Merkel'schen Bekenntnisse seit Ausbruch der Finanzkrise hört.

Genau drei Jahre und 26 Tage nach Abschluss des Koalitionsvertrags mit der FDP, am 21. November 2012, sprach die Bundeskanzlerin vor dem Deutschen Bundestag das Thema Regulierung wieder einmal an: »Ich werde alle Kraft daransetzen (…), dass wir genau in dem Bereich vorankommen. Denn ansonsten schaffen wir nicht, was wir uns vorgenommen haben, nämlich dass jeder Finanzplatz, jeder Finanzmarktakteur und jedes Finanzprodukt einer Regulierung unterworfen werden, möglichst nicht nur in Deutschland, möglichst nicht nur in Europa, sondern möglichst überall auf der Welt.«[24] Die gleichen Worte, das gleiche Versprechen wie 2009.

Was würde man einem leitenden Angestellten sagen, dessen Leistungsbilanz vor allem darin besteht, seine vor drei Jahren gemachten Ankündigungen zu wiederholen?

Nein, ganz untätig ist diese Bundesregierung nicht gewesen, nicht einmal bei der Regulierung der Finanzmärkte. Als Erfolge nannte Merkel während der Bundestagsdebatte im November 2012 drei Punkte: »Wir haben die Leerkäufe verboten. Das ist inzwischen in Europa Gemeingut. Wir haben den Hochfrequenzhandel verboten. Wir hoffen, dass Europa folgt. Wir waren die Ersten, die ein Restrukturierungsgesetz für die Banken hatten.«[25]

Wer Angela Merkel milde beurteilen wollte, könnte angesichts dieser »Erfolgsbilanz« in Versuchung geraten, der ehemals stramm neoliberalen Wahlkämpferin Lernfähigkeit zu unterstellen – hätte sie nicht die Gelegenheit, diese Lernfähigkeit zu beweisen, so kläglich vergeben. Schauen wir uns die drei Felder, auf denen die Kanzlerin Erfolg reklamiert, etwas genauer an: Leerverkäufe, Hochfrequenzhandel und Bankenrestrukturierung.

Leere Versprechungen

Am 27. September 2012 beschloss der Deutsche Bundestag die Umsetzung einer europäischen Richtlinie. Sie beinhaltet das Verbot dessen, was die Bundeskanzlerin »Leerkäufe«, die Fachwelt überwiegend »Leerverkäufe« nennt. Genauer: das Verbot »ungedeckter« Leerverkäufe. Ein Verbot, wie es die Bundesregierung 2010 bereits für Deutschland beschlossen hatte und das nun, vom 1. November 2012 an, für ganz EU-Europa galt.

Was sind Leerverkäufe? Das sind Geschäfte mit Werten – hier Aktien, Staatsanleihen oder auch Versicherungen –, die man entweder nur leihweise oder überhaupt nicht besitzt. *Spiegel online* hat den Vorgang einmal sehr anschaulich beschrieben: »Ein Händler verkauft Aktien zum Stückpreis von zehn Euro weiter, die er sich selbst bei anderen Investoren nur geliehen hat. Fällt der Preis des Wertpapiers in den folgenden Wochen auf fünf Euro, kauft der Spekulant die Aktien wieder, um sie dem ursprünglichen Besitzer zurückzugeben. Er macht dann pro Wertpapier fünf Euro Gewinn, wovon er nur noch die Leihgebühr abziehen muss. Steigen die Kurse bis zum vereinbarten Rückgabezeitpunkt jedoch, verliert er Geld.«[26]

Hier handelt es sich um den sogenannten »gedeckten« Leerverkauf: Zwar leiht sich der Händler die Papiere ausschließlich zu dem Zweck, von einer künftigen Wertminderung zu profitieren, also zum Beispiel von Erlösproblemen einer Aktiengesellschaft oder der Haushaltskrise eines Staates. Der ursprüngliche Sinn von Wertpapieren – realwirtschaftliche Erfolge und nicht Misserfolge durch gute Renditen zu »belohnen« – ist also auch damit schon ins Gegenteil verkehrt. Jedenfalls dann, wenn Leerverkäufe nicht zur Absicherung gegen Kursverluste getätigt werden, sondern als Wette auf diese Verluste.

Dabei allerdings ist die Spekulation immerhin durch Papiere gedeckt, die sich wenigstens leihweise in der Hand des Spekulanten befinden. Bei ungedeckten Leerverkäufen »besitzen Börsenhändler diese nicht einmal, sondern verkaufen Aktien, ohne sie zu besitzen. Auf Leerverkäufe professionalisierte Hedgefonds setzen vor allem auf die zweite, weil noch gewinnbringendere Variante«[27]. Hier wird also nur noch gewettet, mit

Einsätzen (also Kaufpreisen), die erst bezahlt werden, wenn man gewonnen hat. Es handelt sich, wie der SPD-Abgeordnete Manfred Zöllmer zutreffend sagt, um »Brandbeschleuniger in der Finanzkrise«[28], weil die Wetten auf fallende Kurse zu einer sich selbst erfüllenden Prophezeiung werden könnten.

Apropos Brand: Verboten ist jetzt auch der Handel mit Versicherungen für Staatsanleihen, die der Versicherte nicht besitzt. Diese ungedeckten Kreditausfallversicherungen (Credit Default Swaps, CDS) waren ja in der Krise zu trauriger Berühmtheit gelangt, weil mit ihnen lustig spekuliert worden war, während die Kredite (in diesem Fall Immobiliendarlehen), die sie eigentlich absichern sollten, längst an Wert verloren. Sie glichen »einer Brandschutzversicherung für ein Haus, das einem nicht gehört« und boten damit »einen Anreiz, das Haus selbst anzuzünden, um zu kassieren«[29].

Diese ungedeckten Versicherungen und Leerverkäufe also sind nun – allerdings nur für bestimmte Finanzinstrumente – verboten, und zusätzlich ermöglicht die Richtlinie im Krisenfall kurzfristige Verbote auch für gedeckte Leerverkäufe. Selbst wenn man staunt, was bis dahin noch alles erlaubt war in Europa; und auch wenn nicht nur der Deutsche Gewerkschaftsbund es für »nicht sinnvoll« hält, »das Leerverkaufsverbot nur auf Aktien und europäische Staatsanleihen zu beschränken«[30] – ist die Richtlinie nicht immerhin ein Fortschritt? Hat also Angela Merkel nicht weitgehend recht mit ihrer positiven Bilanz? Zumal es in Deutschland schon seit 2010 eine ähnliche Regelung gab?

Als der Bundestag die Umsetzung des neuen EU-Leerverkaufsverbots in deutsches Recht beschloss, war Ralph Brinkhaus (CDU) voll des Lobes für die Politik seiner Kanzlerin und ihrer Regierung: »Das ist heute für uns ein freudiger Tag, weil auf europäischer Ebene etwas umgesetzt worden ist, was wir vor zwei Jahren auf den Weg gebracht haben. Wir sind damals belächelt worden. Man sagte: Ihr könnt nicht vorangehen und das alleine machen. Wir haben es gemacht und sind vorangegangen. Am Ende des Tages hat das dazu geführt, dass die Europäische Kommission und der Europäische Rat im Wesentlichen das abgeschrieben haben, was wir gemacht haben. Das ist ein großer Erfolg für uns.«[31]

Merkels Parteifreund hatte allerdings nicht alles gesagt, wie die Opposition mit Recht bemerkte. Manfred Zöllmer (SPD): »Die Bundesregierung beziehungsweise die EU setzt damit nur das endlich um, was der ehemalige Bundesfinanzminister Peer Steinbrück (…) auf dem Höhepunkt der Finanzkrise gemacht hat, als er im Herbst 2008 ungedeckte Leerverkäufe untersagte. Nach einem eineinhalbjährigen Verbot war es die schwarz-gelbe Regierung, die diese Leerverkäufe dann wieder erlaubt hat. Erst im Mai 2010 besann man sich und verbot wieder bestimmte hochspekulative Finanztransaktionen.«[32]

Viel wichtiger als dieser Versuch, den lange Zeit notorischen Deregulierer Steinbrück in besserem Licht erscheinen zu lassen, war aber etwas anderes. Wieder nämlich hatte die deutsche Regierung einen Beweis dafür geliefert, dass sie den Marktteilnehmern immer noch mehr traut als den öffentlichen Institutionen des regulierenden Staates. Wenn es darum geht, zur Vermeidung akuter Krisen den Handel mit bestimmten Wertpapieren kurzfristig ganz zu untersagen, soll nicht die staatliche Finanzaufsicht BaFin entscheiden, sondern die Politik überlässt einen solchen Schritt den Geschäftsführungen der Börsen. Manfred Zöllmer(SPD) an die Adresse der Regierungsparteien: »Sie öffnen damit Schlupflöcher für Spekulanten. (…) Denn wenn die örtliche Börsenaufsicht die gefährliche Zockerei an einer Börse verbietet, besteht für diejenigen, die zocken, immer noch die Möglichkeit, auf andere Börsenplätze auszuweichen. Dieses Schlupfloch haben Sie offen gelassen. Und Sie wissen das. Damit wird der Zweck der Leerverkaufsverbote, die Unterbindung des Leerverkaufs, im Zweifelsfalle in einer Krisensituation ad absurdum geführt. Das ist Regulierung light.«[33]

Gerhard Schick (Grüne) fasste, ebenfalls adressiert an CDU/CSU und FDP, zusammen: »Sie machen immer wieder den Fehler, dass Sie auf die eigeninteressierten Marktakteure vertrauen.«[34] Und Axel Troost von der Linkspartei stimmte – wie die SPD – zwar nicht gegen das Leerverkaufsverbot, sondern enthielt sich mit seiner Fraktion, weil immerhin ein kleiner Schritt in Richtung Regulierung getan worden sei. Er zweifelt allerdings an der durchschlagenden Wirkung der EU-Richtlinie und fordert als Alternative einen »Finanz-TÜV«, der jedes Finanzmarktinstrument einzeln zulassen müsste. Denn: »Wenn man einzelne Finanzprodukte oder -praktiken verbietet, wird dies in einem Hase-und-Igel-Spiel enden, bei dem immer wieder Möglichkeiten zur Umgehung gefunden werden. Somit würde ich mir nicht viel vom Verbot versprechen.«[35]

Bilanz zu Merkels Verbot von »Leerkäufen«: Untätig war die Regierung nicht. Sie hat genau dort reguliert, wo der öffentliche und politische Druck zu groß, das Desaster der entfesselten Märkte zu offensichtlich war, um untätig zu bleiben. Und überließ selbst hier, wo sie um Regulierung nicht herumkam, einen wichtigen Bestandteil der Kontrolle denjenigen, die zu kontrollieren wären.

Schneller in die nächste Krise

Nicht anders sieht es beim Thema Hochfrequenzhandel aus, also bei der computergesteuerten Variante der Spekulation. Hier spüren bestimmte Programme automatisch winzige Kursveränderungen auf, um binnen Millisekunden durch reale oder vorgetäuschte Aufträge davon zu profitieren. Eine Methode, die als besonders gewinnträchtig gilt – aber auch als ebenso anfällig für Fehler und Manipulationen. Die Inhaber der entsprechenden Handelsplattformen, häufig große Banken, »nutzen ihren durch technologische Überlegenheit erworbenen Informationsvorsprung, um auf Kursdifferenzen zu spekulieren, die Amateure und selbst kleine und mittlere Trader gar nicht mitbekommen«[36].

Hier findet Spekulation mit Aktien und anderen Wertpapieren nun endgültig losgelöst von der Realwirtschaft statt, deren Finanzierung solche Papiere einst dienten. »Eine der einfachsten Manipulationen gleicht dem Angeln mit lebendem Köder: Der Kurs einer Aktie, die man abstoßen will, wird durch sehr viele Kauforder ›hochgekitzelt‹. Wenn die Käufer angelockt sind, wird die Kauforder im Bruchteil einer Sekunde annulliert. Damit sind die Aktien zu einem künstlich aufgeblähten Preis an die Deppen verkauft. Solche Hochfrequenztransaktionen erhöhen allerdings nicht nur die Profitchancen mittels Kursmanipulation, sondern auch das Risiko für das gesamte System.«[37]

Im September 2012 beschloss das Bundeskabinett seinen Entwurf für ein »Gesetz zur Vermeidung von Gefahren und Missbräuchen im Hochfrequenzhandel«. Das sei, verkündete Finanzminister Schäuble, »ein weiterer Baustein im neuen Ordnungsrahmen für die Finanzmärkte«, mit dem Deutschland »eine Vorreiterrolle« einnehme.[38] Das Gesetz sieht eine Meldepflicht für Hochfrequenzhändler und die Offenlegung ihrer Vorgehensweisen vor, stuft bestimmte Formen des Handels als Manipulation ein und verpflichtet die Börsen zur Erhebung einer Gebühr. Außerdem soll ein Mindestanteil an tatsächlich getätigten Geschäften vorgeschrieben werden, um Manipulation durch Scheinaufträge einzudämmen. Und schließlich ist vorgesehen, dass die Computerprogramme (Algorithmen) erst ab Preisänderungen eines gewissen Umfangs reagieren dürfen, damit Minischwankungen nicht zu spekulativen Reaktionen führen.

Das klingt beeindruckend, aber: »Ob es tatsächlich zu wirksamen Beschränkungen kommt, ist (…) offen. Denn das Gesetz macht keine konkreten Vorgaben, sondern überlässt die Festlegung der Mindestgrenze für Preisänderungen ebenso wie die Manipulationskontrolle den Börsen selbst – die an einer Beschränkung ihrer Geschäfte wenig Interesse haben dürften.«[39]

Kein Wunder, dass der Grüne Gerhard Schick nicht anders konnte, als seine schon beim Leerverkaufsverbot geäußerte Kritik zu wiederholen: »Sie bleiben nach wie vor dem Prinzip treu, dass die Selbstkontrolle der Märkte wohl am besten funktioniert.«[40] Und eine »Kleinigkeit« enthält Schäubles Gesetz überhaupt nicht: die von der gesamten Opposition und dem Europaparlament geforderte »Haltefrist« für Wertpapiere von mindestens einer halben Sekunde. Sie wäre nach Ansicht vieler Experten das einzige Mittel zur Trockenlegung eines Systems, das von der irrwitzigen Geschwindigkeit der Transaktionen lebt, ohne mit den realwirtschaftlichen Grundlagen der automatisch gehandelten Papiere auch nur in Berührung zu kommen.

»Diese Vorschläge«, fasst *taz*-Autor Malte Kreutzfeldt treffend zusammen, »bleiben deutlich hinter den Forderungen des Europaparlaments zurück. Der dort diskutierte Entwurf, der im Fall einer Verabschiedung auch für Deutschland verbindlich wäre, sieht ähnliche Beschränkungen vor; allerdings sollen diese nicht von den Börsen, sondern direkt von der Aufsichtsbehörde EMSA erlassen werden. Und zur Entschleunigung ist dort eine Mindesthaltefrist von einer halben Sekunde vorgesehen. Bevor die Regelung auf EU-Ebene in Kraft treten kann, müssen neben dem Parlament auch die Mitgliedstaaten zustimmen. Und da – das ist die wahre Botschaft des Gesetzentwurfs aus Berlin – sind weitreichende Schritte mit Deutschland nicht zu machen.«[41]

So gilt auch hier: Wenn die Regierung Merkel sich schon genötigt sieht, die Märkte wenigstens an ihren gefährlichsten Stellen zu regulieren, dann tut sie dies in der mildestmöglichen Form – und überlässt die Kontrolle soweit es geht den Marktteilnehmern selbst.

Bankenrettung zum Sonderpreis

Als dritten und letzten Punkt ihrer »Erfolgsbilanz« nannte Angela Merkel das »Restrukturierungsgesetz für die Banken«, das der Bundestag im Oktober 2010 verabschiedete. Es waren große Ziele, die die Bundesregierung damit verfolgte. Krisenerscheinungen bei Banken sollten früher erkannt, Sanierung oder Abwicklung so gestaltet werden, dass nicht gleich das ganze System ins Wanken gerät wie im Fall Lehman Brothers. Und, so die federführenden Ministerien für Finanzen und Justiz: »Die Erfahrungen haben gezeigt, dass Restrukturierung und geordnete Abwicklung einer systemrelevanten Bank regelmäßig finanzielle Mittel erfordern werden. Diese Mittel sollen nicht wie in der Vergangenheit durch die öffentliche Hand, sondern vorrangig durch den Finanzsektor bereitgestellt werden«[42], und zwar in Form eines von allen Banken zu füllenden Fonds. Und sogar die Begrenzung der Managergehälter bei Banken im Sanierungsverfahren hatte die Regierung nicht vergessen.

Na also, denkt der kritische Bürger: Endlich sollen die Banker und Aktionäre und Investoren die Zeche selbst bezahlen! Und genau diesen Eindruck versucht Angela Merkel zu erwecken, wenn sie die deutsche »Vorreiterrolle« bei der Finanzmarktregulierung lobt. Immer und leider mit Erfolg darauf spekulierend, dass die Mehrheit so genau schon nicht hinschauen wird.

Ein Blick in die Debatten über dieses Gesetz zeigt alles andere als eine deutsche Vorreiterrolle. Das von der Regierung selbst vorgegebene Volumen des von den Banken zu tragenden Sicherungsfonds, rechnete der SPD-Abgeordnete Manfred Zöllmer vor, liege bei 70 Milliarden Euro. Die von den Banken zu leistende jährliche Abgabe aber sei so gering, »dass 70 bis 100 Jahre in den Restrukturierungsfonds eingezahlt werden muss, damit man im Fall einer Krise überhaupt in der Lage ist, mit den Mitteln dieses Fonds Restrukturierungsmaßnahmen zu finanzieren«[43]. Bis dahin würden wohl wieder die Steuerzahler zur Kasse gebeten. »Dies ist nicht nur eine Mogelpackung, sondern schlichtweg auch eine Täuschung der Öffentlichkeit.«[44]

Fehlanzeige auch bei zahlreichen anderen Forderungen aus Fachwelt und Opposition. Die Boni für Manager werden nur begrenzt, wenn die Bank Geld vom Staat erhält: »Nur bei der Inanspruchnahme von staatlichen Rekapitalisierungsmitteln, nicht aber bei anderen Stabilisierungsmaßnahmen des Staates gilt die hier vorgesehene Begrenzung zusätzlicher Bonimaßnahmen.«[45]

Oder, so der Linken-Abgeordnete Richard Pitterle zum Sanierungsverfahren: »Der vom Gericht eingesetzte Verwalter verfügt dem Gesetz nach über keinerlei Instrumente, um einer in Schieflage geratenen Bank risikoreiche Geschäfte zu untersagen; darauf haben die Sachverständigen in der Anhörung hingewiesen.«[46]

Oder, so Gerhard Schick von den Grünen: »Die Sachverständigen haben uns gesagt, dass die Beteiligung der Gläubiger nicht wirklich gelingen wird.«[47] Denn auf Instrumente, wie etwa die Schweiz sie schon nutze, greife die deutsche Regierung nicht zurück. Dazu gehören zum Beispiel Wandelanleihen der Banken, für die der Käufer (also der Gläubiger) ganz normal Zinsen erhält – so lange, bis beispielsweise das Eigenkapital der Bank unter eine bestimmte Größe schrumpft. Dann verwandeln sich die Anleihen in Aktien der Bank – das Kapital des Instituts wächst wieder, und der bisherige Gläubiger trägt, nun als Aktionär, die Risiken mit. Ein System, das übrigens der finnische Notenbankpräsident Erkki Liikanen in einem Bericht an die EU-Kommission als Vergütungsmodell für Manager empfiehlt, die damit ebenfalls am selbst mitverursachten Risiko beteiligt wären. Liikanen leitete eine Arbeitsgruppe, der auch ehemalige Banker angehörten. Zu den Chancen, seinen Vorschlag bei noch aktiven Managern durchzusetzen, sagte er allerdings ganz realistisch: »Nun ja, besonders Bankern in Rente gefällt diese Idee.«[48]

In Deutschland gilt also auch in Sachen Bankenrettung die Devise: Es gibt gerade so viel Regulierung, wie zur Rechtfertigung in der Öffentlichkeit nötig. Und von wirklich großen Lösungen reden Merkel und Co. schon gar nicht. Die Trennung zwischen spekulativem Wertpapierhandel und klassischem Kundengeschäft fordert inzwischen nicht nur Peer Steinbrück, sondern es fordern sie unter anderem auch Liikanen und EU-Ratspräsident Herman Van Rompuy – Deutschlands Regierung aber verweigert sie strikt. Ein europäischer Schuldentilgungsfonds, wie der Sachverständigenrat in Deutschland und Van Rompuy ihn verlangen – für Angela Merkel auch zum Jahreswechsel 2012/2013 noch tabu: »Es bleibt dabei: Deutschland lehnt die dauerhafte Vergemeinschaftung von Schulden – in welcher Form auch immer – ab.«[49]

Am selben Tag, an dem die Kanzlerin das sagte, verschoben die EU-Regierungschefs alle umstrittenen Projekte zur Regulierung und Restrukturierung von Banken auf das Jahr 2014, unter anderem die EU-weite Bankenabgabe, die gemeinsame europäische Einlagensicherung sowie die von Merkel besonders heftig bekämpfte Trennung von Eigenhandel und Kundengeschäft. Nur bei der Vereinheitlichung der Aufsicht zumindest über die größten Institute gab es eine Einigung. Allerdings wird sie nicht schon im Frühjahr 2013 funktionieren, wie ursprünglich von Van Rompuy und den südlichen EU-Ländern angestrebt, sondern ein Jahr später. Die Kanzlerin kann also Ergebnisse vortäuschen – und hat doch weitgehend Ruhe bis zur Wahl.

Wo es ans Eingemachte der europäischen Einigung ging, blieb von den Plänen fast gar nichts mehr übrig – zur großen Erleichterung der Kanzlerin und ihrer publizistischen Hilfstruppen. Van Rompuys Plan für erste Schritte zu einem echten, mit Geld und Rechten ausgestatteten ökonomischen Ausgleichsmechanismus zwischen den EU-Staaten »war am Freitagmorgen Altpapier«, jubelte die *FAZ* nach dem Ende des Gipfels.[50] Was blieb, waren vage Ideen für einen Fonds, der maximal 20 Milliarden Euro enthalten könnte – ein geradezu lächerlicher Betrag, vergleicht man ihn zum Beispiel mit den 39 Milliarden, die allein für die Rettung spanischer Banken aufgewendet werden.[51] Das Konstrukt soll »Solidaritätsmechanismus« heißen – eine propagandistische Meisterleistung von Merkel'schem Format. In Wahrheit handelt es sich um nichts anderes als um das Ersetzen der dringend notwendigen europäischen Konjunkturpolitik durch ein Almosen für Länder, die sich Spar- und Verarmungsprogrammen nach griechischem oder portugiesischem Vorbild unterwerfen.

»Dass es so kam, ist nicht zuletzt das Werk der Bundeskanzlerin«, lobte der *FAZ*-Autor ganz ungeniert. »Schon vor Beginn des Europäischen Rats hatte die Bundesregierung deutlich gemacht, dass sie wenig von der Eröffnung neuer Füllhörner hält und lieber die Wettbewerbsfähigkeit im Euroraum stärken will.«[52]

»Wettbewerbsfähigkeit« statt »neuer Füllhörner« – das sind genau die Codes, mit denen der Neoliberalismus seine Strategie zugleich benennt und kaschiert. »Wettbewerbsfähigkeit« steht hier für das, was Deutschland mit seiner Agenda 2010 getan und nun den europäischen Südländern aufgezwungen hat: Reduzierung der Sozialausgaben, Steigerung der Exportfähigkeit durch Senkung des Lohnniveaus, Verarmung der Staaten durch eine Steuerpolitik, die große Einkommen und Vermögen verschont. Mit den Worten von Angela Merkel: »Alle Mitgliedstaaten bekennen sich zu solidem Haushalten und Strukturreformen für mehr Wettbewerbsfähigkeit. Ich weiß, dass dies in einigen von der Krise besonders betroffenen Mitgliedstaaten den Bürgerinnen und Bürgern viel abverlangt, doch die Mühe ist nicht umsonst. (...) Die Lohnstückkosten sind spürbar gesunken.«[53]

Die Alternative, dem Wachstum mit ausreichend ausgestatteten Konjunkturprogrammen auf die Sprünge zu helfen, um damit die Voraussetzungen für eine Entschuldung der Staaten erst zu schaffen, wird dagegen mit Begriffen wie »Füllhorn« diffamiert. Das Gleiche gilt für Ausgleichsmaßnahmen für die gefährlichen Ungleichgewichte zwischen Exportwirtschaften mit ungesunden Leistungsbilanzüberschüssen einerseits und Importeuren mit ebenso ungesunden Leistungsbilanzdefiziten andererseits: »Automatisierten Stabilisierungsmechanismen zum Ausgleich von Ungleichgewichten (...), die im übrigen nur schlecht verkleidete Dauertransfers wären, stimmt die christlich-liberale Bundesregierung nicht zu. (...) Besinnen wir uns stattdessen lieber auf die Stärken unseres europäischen Modells der sozialen Marktwirtschaft! Sorgen wir dafür, dass es Freiraum für Unternehmertum in Europa gibt!«[54]

So setzte Angela Merkel die Serie ihrer beschämenden Siege fort: Sie hat sowohl die Regulierung der Märkte als auch die gemeinsame Wirtschaftspolitik, derer die Einheitswährung so dringend bedürfte, so weit wie nur möglich blockiert. Sie präsentiert sich dem Publikum als Krisenmanagerin und Wahrerin deutscher Interessen, während sie sich angesichts der eigentlich anstehenden Aufgaben bis auf die Knochen blamiert. Zum Schaden nicht nur der »Partner«, sondern langfristig auch Deutschlands selbst.

Der Grünen-Europaabgeordnete Sven Giegold, ein fundierter Kenner der Materie, hat den eigentlich notwendigen Maßstab kurz und bündig formuliert: »Die heute existierenden Probleme sind allerdings nicht mehr allein auf der Ebene der Finanzmarktregulierung zu lösen, sondern nur durch einen konsequenten Übergang zu einer Wirtschafts- und Sozialunion innerhalb Europas.«[55] Stattdessen »erleben [wir] ein ›Mehr‹ beim Sparen und bei der Rettung von Banken. Wir erleben kein ›Mehr an Europa‹ bei der konsequenten Regulierung von Banken und der Besteuerung hoher Einkommen. Durch diese Einseitigkeit werden privilegierte Interessen bedient. Es ist klassische Klientelpolitik.«[56]

Eine Klientelpolitik, auf die die Machthaber der Finanzindustrie bis heute ganz ungeniert Anspruch erheben. Als die Deutsche Bank im Dezember 2012 durchsucht wurde, weil Mitarbeiter unter dem Verdacht des Steuerbetrugs und der Geldwäsche standen, rief Vorstandschef Jürgen Fitschen den hessischen Ministerpräsidenten Volker Bouffier (CDU) an und beschwerte sich. Das war selbst Bouffier zu heikel, er betonte demonstrativ die Unabhängigkeit der Ermittler. Aber kaum hatte Fitschen sich zu einer Entschuldigung durchgerungen, herrschte zwischen ihm und seinen angeblichen Kontrolleuren wieder blanke Freundschaft: »Wenn er zwei Tage später sein Bedauern ausspricht, dann ist auch wieder gut«, verkündete der Bundesfinanzminister.[57] Kleine Steuersünder, die das Finanzamt auf den Fersen haben, werden sich da ihre eigenen Gedanken gemacht haben.

Dem ist nichts hinzuzufügen außer zwei kleinen Szenen aus dem Bundestag. Sie zeigen: Manchmal tun die Kanzlerin oder ihre Gefolgsleute versehentlich ganz offen kund, wie wenig sie sich für ein wirtschaftlich und sozial geeintes Europa interessieren.

Szene eins: Sigmar Gabriel, SPD-Vorsitzender: »18,2 Millionen Menschen sind zurzeit in der Europäischen Union arbeitslos.« Zwischenruf des CDU-Abgeordneten Norbert Barthle: »Umso besser stehen wir da!«[58]

Szene zwei: Gabriel fordert »ein Europa, in dem Deutschland nicht niedrige Löhne und niedrige Steuern als Waffe gegen die Wettbewerbsfähigkeit seiner Nachbarn einsetzt«. Vermerk im Protokoll: »Lachen der Bundeskanzlerin Dr. Angela Merkel.«[59]

Wer hat, dem wird gegeben

Das neoliberale Denken prägt Angela Merkels Politik nicht nur in der Euro- und Bankenkrise. Dass der Markt die Bühne zu beherrschen habe; dass der Staat nicht etwa aktiv einzugreifen habe als Wächter über die gerechte Verteilung von Reichtümern und Risiken, sondern möglichst kleingespart werden müsse – dieser Ideologie folgt die schwarz-gelbe Regierung auch auf den unterschiedlichen Feldern der ökonomischen und sozialen Daseinsvorsorge. Unternehmen werden systematisch entlastet, Kosten und Risiken – von der Energiewende bis zur Existenzsicherung im Alter – entzieht die Politik zunehmend der solidarischen Verteilung und erlegt sie dem Einzelnen auf. Mit der Folge, dass es die Ärmeren immer härter trifft und die Reichen immer weniger beitragen.

Atomausstieg: Wende ohne Energie

Aus dem Protokoll des CDU-Parteitages vom November 2006 in Dresden, Rede der Vorsitzenden: »Ich werde es immer für unsinnig halten, technisch sichere Kernkraftwerke, die kein CO_2 emittieren, abzuschalten. (Beifall) Sie werden sehen: Eines Tages werden auch die Sozialdemokraten das einsehen. Es dauert halt immer etwas länger. (Anhaltender Beifall)«[1]

Aus dem Protokoll des CDU-Parteitages vom Dezember 2012 in Hannover, Rede der Vorsitzenden: »Liebe Freunde, wir sind die erfolgreichste Bundesregierung seit der Wiedervereinigung, weil wir die notwendige Energiewende eben nicht nur als Ausstieg aus einer Energieform verstanden haben, sondern als das ehrgeizigste Großprojekt einer Generation, das ein deutscher Exportschlager werden kann für ein neues Energiezeitalter, wenn man es richtig macht. ›Made in Germany‹ im 21. Jahrhundert – das ist unser Ziel. (Beifall).«[2]

Im Jahr 2011 hat Angela Merkel ihre persönliche Energiewende erlebt. Die »technisch sichere« Atomkraft, noch im Herbst 2009 für »unverzichtbar« erklärt[3], erkannte die Bundeskanzlerin eine Katastrophe später als nicht verantwortbares Risiko: »In Fukushima haben wir zur Kenntnis nehmen müssen, dass selbst in einem Hochtechnologieland wie Japan die Risiken der Kernenergie nicht sicher beherrscht werden können.«[4]

»Wir« haben »zur Kenntnis nehmen müssen«? Was für eine Anmaßung gegenüber der großen Mehrheit der Deutschen, die diese Erkenntnis schon lange vorher gewonnen hatte! Was für ein selbst ausgestelltes Zeugnis eigener Unglaubwürdigkeit! Mit Recht fragte SPD-Fraktionschef Frank-Walter Steinmeier damals: »Was bedeutet es eigentlich für die politische Kultur in diesem Lande, wenn Sie heute mit derselben Euphorie und Überzeugungskraft genau das Gegenteil von dem vertreten, was Sie vor einem halben Jahr gesagt haben?«[5] Und der Grüne Jürgen Trittin war der Ansicht, die Kanzlerin hätte sich wenigstens bei den Gegnern der Atomkraft »für die Nachhilfe bedanken sollen, die sie Ihnen erteilt haben«.[6]

Aber die Hunderttausende, die vor dieser Kehrtwende gegen die schwarz-gelbe Laufzeitverlängerung auf die Straße gegangen waren, winkten ab: Hauptsache, der Ausstieg war nun beschlossen und der Umstieg auf erneuerbare Energien konnte beginnen. Derselbe Umstieg, von dem Merkel vor Fukushima noch behauptet hatte, er sei ohne atomare »Brückentechnologie« nicht möglich.

Es verging ein Jahr, in dem jedes Bundesland für sich seine Windparks plante und der Umbau der Stromnetze – eine der wichtigsten Voraussetzungen für den Einstieg ins Zeitalter der »Erneuerbaren« – so gut wie keine Fortschritte machte. Zugleich diskutierte Deutschland in immer wiederkehrenden Wellen über die steigenden Strompreise. So vermischte sich die Energiewende in der Wahrnehmung vieler Bürger mit dem Ärger über die hohen Stromrechnungen. Mit freundlicher Unterstützung der interessierten Industrie.

So forderte der Präsident des Deutschen Industrie- und Handelskammertages, Hans Heinrich Driftmann, Ende 2012 eine deutliche Senkung der Stromsteuer. Dadurch, sagte Driftmann, »würden genau die Gruppen entlastet, die sich als die Träger der Hauptlast der Energiewende fühlen: der Mittelstand und die Verbraucher«[7]. Das war nur eines von vielen Beispielen dafür, wie die Wirtschaft und ihre Freunde in der Politik suggerierten, die hohen Stromkosten für Normalverbraucher seien eine Folge der Energiewende – und diese Wende müsse notfalls verlangsamt werden, um die armen Menschen zu entlasten.

Woher die hohen Rechnungen für die Verbraucher wirklich kamen, sagte Driftmann natürlich nicht: Der Preis für den gesamten in Deutschland verbrauchten Strom ist, gemessen an der gesamten Wirtschaftsleistung, keineswegs gestiegen: »Der Anteil der Ausgaben für Elektrizität am nominalen Bruttoinlandsprodukt liegt mit 2,5 Prozent im Jahr 2011 auf dem Niveau von 1991«[8], schrieb zum Beispiel die Kommission zur Überwachung der Energiewende, die die Regierung selbst eingesetzt hatte, im Dezember 2012.

Was die Verbraucher belastet, ist also offensichtlich nicht die Gesamthöhe der Kosten, sondern die Verteilung dieser Lasten. Nicht nur, aber auch bei der Energiewende macht die Regierung Merkel eine Politik, die die Wirtschaft zu großen Teilen schont – auf Kosten der Normalverbraucher. Der Naturschutzverband BUND merkte dazu an: »Es kommt auf die gerechte Verteilung der Kosten an. Und darauf, die ganze Wahrheit über Strompreise zu erzählen: Denn die steigen mitnichten nur wegen der Energiewende und sie würden auch steigen, wenn wir die Energiewende wieder sein ließen. Gerade diejenigen in der Industrie, die besonders laut über hohe Preise klagen und neue Vergünstigungen fordern, sind bereits mit üppigen Privilegien ausgestattet. Sie sind oft sogar die Nutznießer der Energiewende. Währenddessen werden Privathaushalte, Handel und Gewerbe von Staat und Energiekonzernen zur Kasse gebeten.«[9]

So sieht sie aus, die blamable Wendepolitik der ehemaligen Atomkanzlerin.

Das »Erneuerbare-Energien-Gesetz« (EEG) regelt seit 2003 die Förderung erneuerbarer Energien, und zwar mit großem Erfolg, denn der Anteil des Alternativstroms ist seitdem ständig gestiegen. Das Prinzip: Wer Strom aus Sonne oder Wind ins allgemeine Netz einspeist, erhält dafür eine garantierte Vergütung, die höher ist als der auf dem Markt zu erzielende Preis. Die Kosten werden auf alle Stromverbraucher umgelegt, jedenfalls im Prinzip. Für 2013 ergibt sich eine Umlage von etwa 5,3 Cent pro Kilowattstunde (gegenüber rund 3,6 Cent im Jahr 2012). Diese Steigerung ist zu einem guten Teil eine logische Konsequenz des großen Erfolges. Der eifrige Zubau alternativer Stromquellen lässt natürlich auch die Kosten für die Förderung steigen.

Doch der Industrie sowie ihren politischen und publizistischen Freunden gelang es, die Umlage zum Symbol für die »teure Energiewende« zu machen. Sie verschweigen und verschweigen nicht nur die realen Kosten der fossilen Energien (zum Beispiel Umweltschäden), die im Strompreis nie ausgewiesen wurden. Sie verschweigen heute vor allem die Tatsache, dass ein großer Teil der »teuren« Umlage aus einer skrupellosen Umverteilung zu ihren Gunsten entsteht: aus Regeln, von denen einseitig Unternehmen profitieren. So waren im Jahr 2003 genau 59 energieintensive Firmen zur »Sicherung ihrer Wettbewerbsfähigkeit« ganz oder weitgehend von der EEG-Umlage befreit. Für 2013 lag die Zahl der entsprechenden Anträge bei genau 2023. »Dieser krasse Anstieg führt dazu, dass diejenigen, die besonders viel Strom verbrauchen, besonders wenig für die Energiewende bezahlen. Und das, obwohl viele der begünstigten Firmen nicht einmal im internationalen Wettbewerb stehen, wie etwa der Deutsche Wetterdienst oder lokale Straßenbahnunternehmen.«[10]

Im März 2012 merkte sogar die Bundesnetzagentur, also eine Regierungsbehörde, an, »dass die privilegierten Unternehmen im Jahr 2012 zwar 18 Prozent des Gesamtstromverbrauchs verursachen, aber lediglich für einen Anteil von 0,3 Prozent am gesamten Umlagebetrag aufkommen. Folglich müssen 2,5 Milliarden Euro zusätzlich von den nicht-privilegierten Letztverbrauchern, in aller Regel sind dies Haushaltskunden sowie industrielle und gewerbliche Kleinverbraucher, getragen werden«[11]. Würden alle Verbraucher gleich belastet, so die Agentur, könnte die Umlage bei knapp drei Cent pro Kilowattstunde liegen und nicht bei mehr als fünf.[12]

Und was hat die Regierung Merkel getan? Sie hat diese Ungleichheit noch zusätzlich verstärkt. Der Mindestverbrauch, von dem an Stromfresser belohnt werden, wurde auf ein Zehntel (von zehn auf eine Gigawattstunde pro Jahr) gesenkt.[13] Das erklärt den Anstieg bei den Anträgen für 2013, und obwohl die Verfahren Anfang des Jahres noch nicht abgeschlossen waren, stand fest: Wegen der gesenkten Anforderungen steigt auch die Zahl der tatsächlich gewährten Ausnahmen. Dass CDU-Umweltminister Peter Altmaier im Januar 2013 mit großer Geste Änderungen ankündigte, darf als besonders dreistes

Wahlkampfmanöver gewertet werden: Die Privilegien der Industrie erst zu verzehnfachen und dann wieder ein wenig zu reduzieren – wie stark, sagte Altmaier zunächst nicht, aber wohl kaum auf den vorherigen Stand –, das stellt allenfalls eine öffentlichkeitswirksame Relativierung des Skandals dar und keineswegs eine echte Wende zum Positiven.

Es kommt noch hinzu, dass auch diese Unternehmen längst von der Energiewende profitieren: An der Strombörse sinken die Preise seit Jahren kontinuierlich, weil sich der Anteil der »Erneuerbaren«, die bei der Produktion keine teuren Rohstoffe brauchen, ständig erhöht. Die Großverbraucher sind also nicht nur von der Umlage befreit, sondern senken durch den niedrigen Börsenpreis zusätzlich ihre Kosten. Die privaten Endverbraucher dagegen bezahlen nicht nur die EEG-Umlage, sie haben auch nichts von den sinkenden Preisen an der Strombörse, weil »gesunkene Preise zumindest nicht an die privaten Endkunden weitergereicht« werden, wie der BUND feststellt: »Der Haushaltsstrom könnte heute zwei Cent niedriger liegen, wären die gesunkenen Beschaffungskosten seit 2009 an die Verbraucher weitergegeben worden.«[14] Für die Normalverbraucher hätte sich damit die jüngste Erhöhung der EEG-Umlage bereits amortisiert.

Am 2. November 2012 verkündeten Bund und Länder nach einem »Energiegipfel« stolz, sie hätten sich auf die Prinzipien des weiteren Umbaus geeinigt. Bei genauerer Betrachtung handelte es sich jedoch bloß um das Bekenntnis, in Zukunft nicht mehr so aneinander vorbei zu planen wie bisher. Und da sie nichts Konkretes vorzuweisen hatte, flüchtete sich Angela Merkel in ihre übliche Beruhigungslyrik: »Die Bürger in Deutschland können wissen, dass wir uns gemeinsam dem Ziel der Energiewende verpflichtet fühlen. Und ich habe jedenfalls heute den Geist gespürt, dass wir das auch schaffen wollen und vielleicht auch schaffen können.«[15]

So weit die Kanzlerin der Worte, und so viel noch zur Kanzlerin der Tat: Im November 2012 beschloss der Bundestag mit schwarz-gelber Mehrheit, dass die Stromnetzbetreiber nur noch einen kleinen Teil der Entschädigungen zahlen müssen, die anfallen, weil sich der Anschluss von Windparks auf dem Meer verzögert. Stattdessen werden die Verbraucher zur Kasse gebeten.[16]

Merkels »Made in Germany im 21. Jahrhundert« erweist sich als Blamage erster Güte. Wie sagte der Grüne Jürgen Trittin schon 2011 in der Bundestagsdebatte zum Atomausstieg: »Merkel bleibt Merkel. Sie glauben immer noch, man käme vorwärts, wenn man gleichzeitig bremst und Gas gibt. Gnädige Frau, damit kommt man nur ins Schleudern.«[17]

Wirtschaft: Geschenke erhalten die Freundschaft

Wie schon bei der Energiewende gesehen, bildet die Entlastung »der Wirtschaft« – also vor allem der Unternehmen – den Kern des Merkel'schen Denkens und Handelns in Sachen Ökonomie. Es gehört zu den Meisterleistungen dieser Kanzlerin, dass die Öffentlichkeit ihre größte Tat auf diesem Feld nach wenigen Jahren vergessen zu haben scheint – oder so tut, als habe die FDP allein gehandelt. Dabei war das »Wachstumsbeschleunigungsgesetz« nicht nur der Anfang, sondern auch das wirtschaftspolitische Kernstück der 2009 begonnenen Legislaturperiode. Und die größte Blamage auf diesem Gebiet, auch für Angela Merkel.

Es war nicht Guido Westerwelle, es war auch nicht Rainer Brüderle oder Philipp Rösler, sondern es war die CDU-Vorsitzende Merkel, die zum Auftakt der schwarz-gelben Koalition erklärte: »Ohne Wachstum keine Investitionen, ohne Wachstum keine Arbeitsplätze, ohne Wachstum keine Gelder für die Bildung, ohne Wachstum keine Hilfe für die Schwachen. (…)

Genau vor diesem Hintergrund beginnt die neue Bundesregierung ihre Arbeit mit einem Wachstumsbeschleunigungsgesetz.«[18] Eine kurze Erinnerung an die Inhalte dieses Gesetzes macht erneut deutlich: Der ideologische Kompass der Kanzlerin war und ist, allem Geraune von »Sozialdemokratisierung« zum Trotz, intakt. Wachstum, so lautet die Richtungsangabe, entsteht durch immer neue Vorteile und Entlastungen für Unternehmen.

Als das Gesetz Anfang 2010 in Kraft trat, richtete sich die allgemeine Empörung vor allem auf einen Aspekt: die Senkung der Mehrwertsteuer für Hotels auf den ermäßigten Satz von sieben Prozent. Das war auch vorher schon lange ein Lieblingsprojekt der FDP gewesen, wofür sich Teile der Branche denn auch mit einer Millionenspende erkenntlich gezeigt hatten. Nur Guido Westerwelle, damals noch FDP-Vorsitzender, glaubte womöglich an das, was er Anfang 2010 behauptete: Die Spende von den Eigentümern der Mövenpick-Hotels und die Politik der FDP für diese Klientel hätten nichts miteinander zu tun.[19] Das bittere Lachen, das die FDP dafür erntete, kam Angela Merkel sehr gelegen. Der Protest traf den Koalitionspartner, und die CDU-Vorsitzende konnte wieder einmal so tun, als sei sie es nicht gewesen.

Dabei enthielt das Gesetz nicht nur dieses besonders skandalöse Privileg für eine Branche auf Kosten der Allgemeinheit. Beschlossen wurden auch Erleichterungen bei der Erbschaftsteuer: Geschwister und Geschwisterkinder zahlen je nach Höhe des Erbes statt 30 bis 50 nur noch nur noch 15 bis 43 Prozent. Die Erben von Unternehmen werden leichter als bisher von der Steuer ganz oder teilweise verschont, wenn sie den Betrieb eine Zeitlang weiterführen.

Bei grundsätzlicher Betrachtung war das fast der größere Skandal als das Geschenk an die Hoteliers. Für das zweite Jahrzehnt des dritten Jahrtausends, also von 2011 bis 2020, sagte das Deutsche Institut für Altersvorsorge im Juni 2011 eine Steigerung des vererbten Vermögens um 20 Prozent voraus, und zwar auf 2,6 Billionen Euro. »Die Hinterlassenschaft wird im Durchschnitt pro Erblasser 305 000 Euro, pro Erben rund 153 000 Euro betragen«, errechnete das Institut. Die Forscher, immerhin getragen von Merkel-Freunden wie der Deutschen Bank, fügten eine Einschränkung hinzu: »Dahinter verbirgt sich jedoch eine große Bandbreite. Insbesondere erbt das einkommensstärkste Drittel aller Erben erheblich mehr als die Masse der Erben, die nur zwischen 2 000 und 4 000 Euro netto verdient.«[20]

Wer schon hat, der erbt. Diese privilegierten Erben über Steuern ausreichend an der künftigen Konsolidierung der Staatsfinanzen zu beteiligen, das wäre Aufgabe einer sozial ausgewogenen Politik gewesen. Die Regierung Merkel hat mit ihren Regelungen für die Erbschaftsteuer genau das Gegenteil getan.

Das »Wachstumsbeschleunigungsgesetz«, unumstrittener Höhepunkt schwarz-gelber Wirtschaftspolitik, enthielt noch weitere Erleichterungen für Unternehmen (etwa bei Verlustabschreibungen). Aber es enthielt natürlich auch ein Bonbon für »die Menschen«, wie Angela Merkel sagen würde. Der steuerliche Kinderfreibetrag wurde von 6 024 auf 7 008 Euro jährlich angehoben, das Kindergeld stieg um 20 Euro im Monat. So konnte die Kanzlerin behaupten, »die Familien (…) noch einmal [zu] stärken«.[21] Sie konnte darauf setzen, dass ein entscheidender Punkt in der öffentlichen Wahrnehmung untergehen würde: Auch diese Entscheidung, so erfreulich sie für gering verdienende Kindergeldbezieher war, verstärkte zugleich die soziale Spaltung.

Die SPD-Abgeordnete Nicolette Kressl rechnete im Bundestag vor: »Sie erhöhen das Kindergeld und die Kinderfreibeträge nicht im Gleichklang. Sie erhöhen stattdessen die Kinderfreibeträge so stark, dass die Spitzenverdiener fast doppelt so viel Entlastung erhalten wie die, die vom Kindergeld profitieren. (...) Ich verweise auf die *Financial Times Deutschland* vom 5. November. Unter der Überschrift ›Goldene Zeiten für reiche Eltern‹ steht: Höheres Kindergeld bringt 240 Euro mehr im Jahr, Steuerfreibetrag bis zu 443 Euro.«[22]

Einen weiteren Hinweis gab in der Debatte am 4. Dezember 2009 der Linken-Fraktionsvorsitzende Gregor Gysi. Er betonte, dass Hartz-IV-Empfänger auch von der Kindergelderhöhung mit keinem zusätzlichen Cent profitieren: »Bei ihnen wird der Betrag vollständig abgezogen.«[23]

Der CDU-Abgeordnete Olav Gutting verteidigte diese Tatsache mit den Worten: »Im Verhältnis zwischen (...) Hartz IV und den unteren Arbeitnehmereinkommen muss ein hinreichender Abstand gewahrt bleiben, um Beziehern von Arbeitslosengeld II einen Anreiz zur Erwerbstätigkeit zu geben.«[24] Im Klartext also wieder der altbekannte Unterton aus vielen sozialpolitischen Debatten: Arbeitslose, auch arbeitslose Eltern, neigen zur Faulheit. Mit 20 Euro mehr fehlt ihnen die Lust – der »Anreiz« – zur Arbeitsaufnahme.[25]

Bei Unternehmen dagegen besteht der »Anreiz« selbstverständlich im Gegenteil dieser Disziplinierung durch Armut: Sie werden bei jeder Gelegenheit entlastet – auf Kosten aller anderen Steuerzahler und in der vagen Hoffnung, sie würden ihre Zusatzprofite irgendwie dem »Wachstum« widmen. Das ist die alte, neoklassische Schule der Angebotsorientierung, der sich ein großer Teil der deutschen Ökonomen seit Jahren verschrieben hat: Wirtschaftspolitik, so der Kern der Theorie, habe zuallererst die Aufgabe, die Bedingungen für Investitionen und Gewinne zu verbessern. Dies führe automatisch zu erfolgreichen Produkten und damit zu ökonomischer Stabilität.

Hohe Löhne und Sozialleistungen kommen in dieser Theorie hingegen als Störfaktoren für die Profite der Unternehmen und damit für das Wachstum vor. Der Gegenentwurf einer nachfrageorientierten Politik, die die Kaufkraft der Konsumenten stärkt und Konjunktur wie Steuereinnahmen durch gute Löhne und auskömmliche Sozialleistungen sichert, wird von dieser Schule selbstverständlich verworfen.[26]

Es ist die schlechte alte Politik, wie sie seit mindestens zwanzig Jahren in Deutschland von den Lobbyisten der Wirtschaft propagiert und von den ihnen gewogenen Parteien betrieben wird. Und das entgegen allen gegenläufigen Erkenntnissen wie derjenigen des Wirtschaftsweisen Peter Bofinger: »Der Anteil der Arbeitseinkommen ist gesunken, der Anteil der Kapitaleinkommen ist stark gestiegen. Und das ist ja auch für die Weltwirtschaft ein großes Problem. Denn wenn Sie das Geld denen nehmen, die wenig Einkommen haben, aber davon sehr viel ausgeben, und es denen geben, die hohe Einkommen haben und davon relativ viel sparen, dann schaffen Sie einfach eine Nachfragelücke in der Weltwirtschaft, die mit entsprechenden Problemen verbunden ist.«[27]

Und das gilt nicht nur für die Weltwirtschaft, sondern auch für Deutschland. Anders als zum Beispiel in den USA, wo der private Konsum etwa 70 Prozent zur Wirtschaftsleistung beiträgt, setzt Deutschland vergleichsweise einseitig auf den Export. Hierzulande liegt der Anteil des Konsums nur bei gut 50 Prozent, und daran hat die Politik der vergangenen Jahre nichts geändert – ganz im Gegenteil: Sie verschärfte das Problem durch Steuersenkungen für Spitzeneinkommen und Appelle zum Lohnverzicht. Und sie verfestigte diese Verhältnisse durch die Agenda 2010, die Gerhard Schröder ja mit freundlicher Unterstützung von Union und FDP erzwang. Bofinger: »In der Phase von etwa 1995 bis 2005 hat die Ungleichheit in Deutschland stärker zugenommen als in den meisten anderen Ländern. In den letzten Jahren sehen wir eine gewisse Abflachung, (…) weil die Arbeitslosigkeit ja doch deutlich zurückgegangen ist, auch die Realeinkommen sind am aktuellen Rand deutlich stärker gestiegen. Also, ganz aktuell ist das Problem etwas abgemildert worden, aber im längerfristigen Trend sehen wir, dass sie sehr stark zugenommen hat, die Ungleichheit.«[28]

Mit der Schwäche des Konjunkturmotors Binnenkonsum ist es auch zu erklären, dass fast alle Prognosen für das Jahr 2013 ein bescheidenes Wachstum von weniger als einem Prozent voraussehen. Aber das nimmt die herrschende Politik in Kauf. Sie weigert sich konsequent, die unteren Einkommensschichten zu stärken, die anders als konsumgesättigte Gutverdiener den größten Teil zusätzlicher Einnahmen in Einkäufe stecken würden.

Kritiker dieser Politik stellen keineswegs Deutschlands Exportstärke insgesamt infrage, sehr wohl aber die übergroße Abhängigkeit von den Ausfuhren und damit von der Kaufkraft anderer Länder. Nun, nachdem die Merkel'sche Politik große Teile Europas importunfähig gemacht hat, sind es Drittländer wie China, Indien und Brasilien, von denen die Wirtschaftspolitik uns abhängig macht. Jene Länder also, die womöglich ihrerseits vor dem »Abschied vom Turbo-Wachstum«[29] stehen.

Die Alternative hat wiederum Peter Bofinger, eine der wenigen prominenten Gegenstimmen zum neoliberalen Mainstream in der Wirtschaftswissenschaft, erläutert: »Die USA zeigen ja, wie man das machen kann. Man muss eben versuchen, den Ausstieg des Staates aus der Verschuldung zeitlich zu strecken, das nicht zu abrupt zu machen. Und bisher ist das in den Vereinigten Staaten ja gar nicht so schlecht gegangen, die Arbeitslosigkeit ist von ihrem Höchststand jetzt mittlerweile deutlich zurückgegangen, die privaten Haushalte haben ihre Verschuldung abgebaut, der Immobilienmarkt stabilisiert sich. Das heißt, wenn man den Entzug nicht abrupt macht, sondern graduell, ist das durchaus ein Weg, wie man wieder zu normaleren Verhältnissen zurückkommen kann. Aber man wird sich eben auch grundsätzlich fragen müssen, dass man auch die Verteilung wieder mehr ins Lot bringt. Denn die Ungleichverteilung ist einfach keine Basis für ein nachhaltiges Wachstum ohne Staatsverschuldung.«[30]

Besser kann man die Aufgaben nicht beschreiben, vor denen die deutsche Politik bislang auf blamable Weise versagt. An erster Stelle Angela Merkel. Sie hinterlässt nach ihrer zweiten Amtszeit ein sozial gespaltenes Land. Ein Land, in dem sich das Versprechen auf Wachstum für alle durch Entlastung für wenige längst als gegenstandslos erwiesen hat. Ein Land, das der großen Krise bislang nur entgeht, weil es sich abhängig macht vom Wachstum der Exportmärkte auf dem asiatischen und dem amerikanischen Kontinent.

Kein Wunder, dass nach sieben Jahren Schröder und bald acht Jahren Merkel der Reichtum noch ungerechter verteilt ist als zuvor. Das gesamte Privatvermögen der Deutschen lag Anfang 2012 bei 12,5 Billionen Euro. Das ist das Siebenfache der gesamten deutschen Wirtschaftsleistung in einem Jahr (Bruttoinlandsprodukt) und etwa doppelt so viel wie 1992. Die reichsten zehn Prozent haben ihren Anteil an diesem Vermögen immer weiter gesteigert: 1998 besaßen sie 45 Prozent aller Reichtümer, 2008 (neuere Zahlen liegen nicht vor) waren es schon 53 Prozent. Die untere Hälfte (nicht etwa die untersten zehn Prozent!) verschlechterte sich in dieser Zeit von drei auf ein Prozent des Vermögens.[31] Und nicht anders sieht es, wie im nächsten Abschnitt zu zeigen sein wird, bei der Verteilung der Arbeitseinkommen aus.

Das klassische Mittel, die Verteilung des Reichtums im Sinne des Gemeinwohls zu »steuern«, sind Steuern. Doch Angela Merkel denkt – anders als Grüne, Linke und inzwischen auch wieder die SPD – nicht im Traum daran, die fatalen Fehler der Regierung Schröder zu korrigieren. Rot-Grün hatte damals nicht nur den Spitzensteuersatz gesenkt, sondern auch das Versprechen gebrochen, die von der schwarz-gelben Regierung unter Helmut Kohl abgeschaffte Vermögensteuer wieder einzuführen. Das Ergebnis war, um nur eine herausragende Zahl zu nennen: Die fünfzig Bundesbürger mit Einkommen jenseits der 100 Millionen Euro zahlten – nach Abzug aller Maßnahmen zur Steuerminderung – nicht mehr 48, sondern nur noch 29 Prozent von ihrem Bruttoverdienst.[32]

Die Befürworter dieser Steuerpolitik argumentieren gern damit, dass die Gutverdiener ja auch einen überproportionalen Beitrag zur Einkommensteuer leisten: »Lasst die ›Reichen‹ in Ruhe«, fordern journalistische Gefolgsleute des Merkel'schen Neoliberalismus. Denn: »Die oberen zehn Prozent zahlen schon die Hälfte der Steuern.«[33] Damit ist die Grenze der Volksverdummung nicht nur erreicht, sondern überschritten. Die Rechnung »10 Prozent zahlen 50 Prozent« wäre selbst für die Milchmädchenprüfung zu beschränkt.

Selbst wenn man das Verhältnis 10 zu 50 so gelten ließe, bedeutete es nur, dass das Prinzip der Umverteilung durch Steuern noch irgendwie funktioniert: Wer mehr hat, zahlt auch einen größeren Anteil an seinem Einkommen. Dass es diese Umverteilung gibt, hat kein Kritiker je bestritten. Es geht vielmehr darum, ob sie ausreicht oder nicht. Für diese Frage ist die Propagandarechnung »10 zu 50« vollkommen wertlos, denn sie bezieht die absolute Einkommenshöhe nicht mit ein. So verdient das oberste Zehntel im Schnitt fünfmal so viel wie das unterste und greift vom gesamten Lohnaufkommen immerhin etwa 20 Prozent ab.[34] Deshalb müsste es heißen: »Die obersten 20 Prozent der Arbeitseinkommen tragen 50 Prozent zur Einkommensteuer bei.« Dann aber wäre die Propaganda schon schwieriger, denn »10 Prozent zahlen die Hälfte« klingt natürlich viel beeindruckender als »20 Prozent zahlen die Hälfte«.

Aber selbst bei so viel Ehrlichkeit bliebe das Kampfargument der Merkelianer zutiefst unseriös, denn es reduziert die Betrachtung gezielt auf die Einkommensteuer, die ja immerhin für ein Stück Umverteilung sorgt. Diese Steuerprogression – wer mehr hat, zahlt einen höheren Anteil –, gibt es in dieser Form weder bei den indirekten Steuern wie Mehrwert- oder Energiesteuer noch bei den Sozialabgaben.

Die Mehrwertsteuer ist bekanntlich für Arm und Reich die gleiche – die Reichen tragen von ihr nur deshalb einen höheren Anteil, weil sie mehr kaufen (können). Und bei den Sozialabgaben sind es sogar die Gutverdiener, die profitieren. Denn ab einer bestimmten Höhe (Beitragsbemessungsgrenze) ist der Rest des Einkommens beitragsfrei. Wer bis zu 5 800 (Westdeutschland) beziehungsweise 4 900 Euro (Ost) im Monat verdient, zahlt auf sein vollständiges Einkommen Rentenbeiträge. Jeder Cent darüber hinaus ist nicht mit Sozialabgaben belastet. Gleiches gilt bei der Gesetzlichen Krankenversicherung, bei der die Grenze 3 937,50 Euro im Monat beträgt. Hier kann sich, wer mehr als 4 350 Euro im Monat verdient, sogar ganz aus dem Solidarsystem verabschieden und sich privat versichern.

Für alle, deren Einkommen höher liegt als die jeweilige Beitragsbemessungsgrenze, sinkt also der Beitrag im Verhältnis zum Gehalt. »Wer 30 000 Euro pro Jahr verdient, muss gut 20 Prozent von seinem Gehalt für Krankenversicherung und Co. aufbringen. Bei einem Bestverdiener mit einem Jahreseinkommen von 300 000 Euro schrumpft dieser Anteil auf weniger als vier Prozent.«[35] Und schließlich verschweigen die neoliberalen Ideologen, dass Gutverdiener mehr sparen können und deshalb auch mehr Zinseinkünfte haben (auf die sie, wenn überhaupt, gerade 25 Prozent Steuern zahlen). All diese Vorteile werden verschwiegen, wenn es heißt: »Die oberen zehn Prozent zahlen 50 Prozent der Steuern.«

Natürlich könnte die Politik dafür sorgen, dass die obersten zehn Prozent durch Einkommen- oder Vermögensteuern mehr beitragen zur Staatsfinanzierung, zur Entlastung der Durchschnittsbürger oder zur Stärkung der Binnennachfrage. Aber statt zu handeln, outet sich Angela Merkel ohne Angst vor Blamage als Neoliberale: Sie diffamiert die gesamte Gerechtigkeitsfrage als Ausdruck von Neid. Man dürfe, sagte die Kanzlerin Anfang 2013, nicht »immer nur gucken, wer ist erfolgreich, wem kann ich noch was wegnehmen«[36].

Arbeit: Die Jobwunder-Lüge

Die Ergebnisse der beschriebenen Wirtschaftspolitik kommen bei den abhängig Beschäftigten – also der Mehrheit der wählenden Bevölkerung – direkt an. Wer werktags arbeiten geht und sonntags Merkel wählt, hat sich entschieden: Er wird auch in Zukunft einen Teil seines Wohlstands den Vermögenden und Spitzenverdienern »spenden«, und zwar in Form von Lohnverzicht. Die Verantwortung trägt zum einen die rot-grüne Regierung unter Gerhard Schröder, zum anderen deren Nachfolge-Koalitionen unter Angela Merkel.

Ob die SPD sich glaubhaft abwendet von der Niedriglohnpolitik ihres ehemaligen Kanzlers, ist offen.[37] Dass Merkel es nicht tun wird, steht fest. Sie ist es, die sich der fatalen Lohn- und Leistungssenkungspolitik ihres Vorgängers bis heute rühmt: »Die Agenda 2010 war richtig. Deshalb haben wir sie als damalige Opposition unterstützt. Ohne uns wäre sie gar nicht Gesetz geworden. Wir haben sie im Bundesrat unterstützt.«[38]

Die Zahlen sprechen eine eindeutige Sprache. Das gilt zum einen für die Entwicklung der Arbeitseinkommen insgesamt. Es gilt zum zweiten für die Verteilung zwischen Arbeits- und Kapitaleinkünften, und es gilt drittens auch für die Verteilung zwischen hohen und niedrigen Arbeitslöhnen. Seit Jahren haben die ohnehin schon Privilegierten überdurchschnittlich und die Benachteiligten kaum oder gar nicht von der Wirtschaftsentwicklung profitiert.

Der wichtigste Indikator für das, was Arbeit einbringt, sind die Reallöhne. Das sind die jeweiligen Bruttoeinkommen der abhängig Beschäftigten abzüglich der Inflationsrate. Also das, was man sich vom Bruttogehalt tatsächlich kaufen könnte, hätte es keine Geldentwertung gegeben. Es ist, kurz gesagt, kein Cent mehr als vor zwei Jahrzehnten.

Ein Durchschnittsarbeitnehmer, der 2010 nach Abzug der Geldentwertung 100 Euro zum Ausgeben hatte, verbuchte nach fast zwei Jahrzehnten Arbeit einen Verlust: 1992 hatte die Vergleichszahl noch um 3,5 Prozent höher gelegen, also bei 103,5. Erst seit 2010 sind die Reallöhne wieder ein wenig gestiegen. Mit einem Wert von etwa 102 lagen sie Ende 2012 allerdings immer noch unter dem Niveau von vor zwanzig Jahren.[39]

Das heißt: Vom zunehmenden Wert dessen, was sie in einer Stunde erarbeiten – also vom Produktivitätsfortschritt[40] – haben die Arbeitnehmer im Schnitt mit keinem Cent profitiert, obwohl ihre Produktivität seit 2000 mit einer Ausnahme von Jahr zu Jahr gestiegen ist.[41] Den von ihren Angestellten (mit) erarbeiteten Produktivitätsfortschritt konnten die Unternehmer rein rechnerisch als Profit einstreichen. Anders gesagt: Was vom wachsenden Wohlstand für die Arbeitnehmer blieb, wuchs nicht mit. Wenn Angela Merkel und Ursula von der Leyen sich für den Rückgang der Arbeitslosigkeit loben, dann verschweigen sie, dass zwar die Zahl der abhängig arbeitenden Menschen zunimmt, nicht aber ihr Anteil am gesellschaftlichen Reichtum: So lag der Beitrag der Arbeitnehmerentgelte am Volkseinkommen im Jahr 2011 mit 66,7 Prozent niedriger als 2004 (67,9 Prozent).[42] Dass dies für jeden Einzelnen weniger bedeutet, jedenfalls im Durchschnitt, liegt auf der Hand.

Unsere Regierung und ihre neoliberalen Berater reden angesichts dieser Verluste der abhängig Beschäftigten lieber von gesunkenen Lohnstückkosten, das klingt irgendwie positiv. Dieser Fachausdruck bezeichnet das Verhältnis zwischen der realen Leistung eines Arbeitnehmers (also der gestiegenen Produktivität) und dem Geld, das er dafür bekommt (also seinem stagnierenden oder sinkenden Reallohn). Wer Angela Merkel hört, wenn sie sich der deutschen »Wettbewerbsfähigkeit« rühmt, sollte nicht vergessen, dass sich dahinter genau dieser Zusammenhang verbirgt: Weltmarktkonkurrenz durch erzwungenen Lohnverzicht, verbunden mit günstigen Exportpreisen für deutsche Produkte.

Da muss auch die zweite Statistik niemanden verwundern: Von 1995 bis 2011 stiegen die Einnahmen aus Vermögen und Unternehmen um 59,7 Prozent, fast doppelt so stark wie die Bruttolöhne und -gehälter[43] aus abhängiger Arbeit (31,9 Prozent).[44] Die Bruttolohnquote, also der Anteil der Arbeitnehmer am Volkseinkommen, sank damit von 73,5 auf 64,7 Prozent.[45] Und das, wohlgemerkt, obwohl in diese Statistik alle abhängig Beschäftigten eingehen, also sowohl Niedriglöhner als auch Manager mit Millionengehältern. Verlief die Entwicklung bis 2003 noch fast genau parallel, so eilten von da an die Kapitaleinkünfte den Löhnen in Riesenschritten davon. Nur im Krisenjahr 2009 schwächelten auch die Profite aus Unternehmen und Vermögen, aber das war bis Ende 2011 schon fast wieder ausgeglichen. Denn: »Ab 2003 steigt die Zahl der Arbeitslosen steil an und die Gewerkschaften geraten mit ihrer Tarifpolitik unter Druck. Zugleich wird durch die Deregulierung und Flexibilisierung des Arbeitsmarktes der Ausbau des Niedriglohnsektors beschleunigt.«[46]

Damit sind wir beim dritten Aspekt der gezielt verstärkten Ungerechtigkeit auf dem Arbeitsmarkt: Nicht nur die Stagnation der Reallöhne ist für ein reiches Land und seine Regierung eine Blamage, und nicht nur zwischen Kapitalbesitzern und abhängig Beschäftigten hat sich die Schere in den vergangenen

Jahren weiter geöffnet, sondern eine ähnliche Umverteilung nach oben geschah zusätzlich innerhalb der Gruppe der abhängig Beschäftigten.

So »verdanken« wir der Agenda 2010 einen sprunghaften Anstieg der »atypischen Beschäftigung«, auf Deutsch: der durch diese Agenda gezielt geförderten Jobs zu Billiglöhnen, mit Befristung, in Teilzeit oder Leiharbeit oder mit all dem zugleich. Die Zahl dieser Beschäftigungsverhältnisse stieg seit Inkrafttreten der Schröder'schen und von Merkel unterstützten »Reformen« (2005) von gut sechs Millionen auf knapp acht Millionen im Jahr 2011.[47] Der Rückgang der Arbeitslosenzahlen[48] in dieser Periode ist also rechnerisch vollständig auf die Ausweitung dieser »atypischen Beschäftigung« zurückzuführen. Zu sogenannten Niedriglöhnen[49] arbeiteten 2010 fast ein Viertel aller Beschäftigten (23,1 Prozent) gegenüber 17,7 Prozent im Jahr 1995; 2,5 Millionen Menschen verkauften ihre Arbeitskraft für weniger als sechs Euro pro Stunde.[50]

Man kann zwar sicher davon ausgehen, dass ein gewisser Teil dieser Beschäftigten aus freien Stücken in Teilzeit oder Minijobs arbeitet. Aber dass die Entlohnung angemessen wäre, heißt das noch lange nicht. Und viele nehmen Billigjobs nur deshalb in Kauf, weil sie vor einer klaren Alternative stehen: entweder arbeitslos zu sein – oder Arbeit zu haben und dafür mit Löhnen an beziehungsweise unter der Armutsgrenze zu »bezahlen«.

Wer – wie viele Experten und die Oppositionsparteien – einen gesetzlichen Mindestlohn als einzigen Ausweg aus dieser Lage sieht, beißt sich nicht nur an der FDP die Zähne aus, sondern auch an Angela Merkel. Sie spricht zwar inzwischen von »Lohnuntergrenzen«, meint aber nicht mehr als einen »Mindestlohn light«. Die Untergrenzen sollen dort, wo keine Tarifverträge gelten, von Arbeitgebern und Gewerkschaften vereinbart werden. Wen würde es wundern, wenn dann in Niedriglohnbranchen wie dem Friseurgewerbe nur Gehälter an oder unter der Armutsgrenze herauskommen würden – genau wie schon jetzt bei manchen mit Mühe erzwungenen Tarifverträgen?

Diese Entwicklung des Niedriglohnsektors hat die Spaltung auch innerhalb der Gruppe der abhängig Beschäftigten natürlich verschärft. So sanken die Reallöhne insgesamt von 2000 bis 2010 um 2,3 Prozent. Allerdings verloren die drei untersten Zehntel in der Einkommensskala je 10,6 Prozent, während die zwei obersten Zehntel sogar zulegen konnten (um 1,5 beziehungsweise 1,8 Prozent). Wer im Jahr 2000 mit ohnehin bescheidenen 5,63 Euro pro Stunde nach Hause ging (so der Schnitt des untersten Zehntels), hatte zehn Jahre später, rechnet man die Inflation heraus, real noch 5,03 Euro in der Tasche. Wer dagegen im Jahr 2000 schon 27,29 Euro bekam (oberstes Zehntel), verbesserte seine Kaufkraft in diesen zehn Jahren auf 27,77 Euro.[51]

Als Lüge erweisen sich übrigens die wichtigsten Argumente, mit denen die Ausweitung des Niedriglohnsektors immer wieder verteidigt wird. Weitgehend falsch ist zum Beispiel die Behauptung, er bilde eine Brücke zu besser bezahlten Tätigkeiten. Gerhard Bosch zitiert die einschlägigen Untersuchungen: »Noch Mitte der neunziger Jahre wurde der deutsche Arbeitsmarkt von der OECD wegen seiner guten Aufstiegschancen von Geringverdienern gelobt (OECD 1997). Das hat sich mittlerweile grundlegend geändert. Viele Untersuchungen belegen, dass sich Niedriglohnbeschäftigung zunehmend verfestigt hat. Kalina (2012) zeigt für den langen Zeitraum von 1975/6 bis 2005/6 abnehmende Aufstiegschancen. Mosthaf u.a. (2011) stellen fest, dass nur etwa jeder siebte Vollzeitbeschäftigte, der 1998/99 einen Niedriglohn bezogen hat, bis 2003 den Niedriglohnsektor verlassen konnte.«[52]

Ebenso falsch ist die Behauptung, dass durch Absenkung des Lohnniveaus im unteren Bereich die Chancen für Geringqualifizierte steigen: »Zwar ist das Niedriglohnrisiko von Beschäftigten mit einer Berufs- oder Hochschulausbildung niedriger als bei denjenigen ohne Berufsausbildung. Dennoch hatten wegen des hohen Qualifikationsniveaus 2010 mehr als 80 Prozent aller Niedriglohnbeschäftigten eine abgeschlossene Berufsausbildung oder einen akademischen Abschluss. (…) Der Anteil der gering Qualifizierten unter den Geringverdienern hat seit 1995 sogar abgenommen. (…) Die Unternehmen stellen für einfache Tätigkeiten zunehmend Qualifizierte ein.«[53] Gerhard Bosch fasst treffend zusammen: »Es erwies sich als ein großer Irrtum in der Agenda 2010, ein Bildungsproblem in ein Lohnproblem umzudeuten.«[54]

Dass ein Großteil der Geringqualifizierten auch nach der Agenda 2010 außen vor bleibt und in der Langzeitarbeitslosigkeit landet, ist damit noch gar nicht angesprochen. Selbst die Bundesagentur für Arbeit (BA) lobt zwar einen Rückgang bei der Zahl der Langzeitarbeitslosen (länger als ein Jahr) gegenüber den neunziger Jahren, den sie sich ja mit einigem Recht als Erfolg zuschreiben kann.[55] Doch die BA verhehlt nicht, dass vor allem die Älteren und Geringqualifizierten auch dann kaum profitieren, wenn die Arbeitslosigkeit im Aufschwung insgesamt sinkt: »Es bleiben jene Menschen zurück, bei denen individuelle Problemlagen eine zügige Arbeitsmarktintegration erschweren. Der Anteil der älteren, schlechter qualifizierten und länger Arbeitslosen nimmt so immer weiter zu. Jeder weitere Abbau der Arbeitslosigkeit wird damit eine immer größere Herausforderung.«[56]

Der Chef der Bundesanstalt, Frank-Jürgen Weise, wurde Anfang 2013 noch etwas deutlicher: »Diese schwächere Konjunktur«, sagte er in bezug auf die Wachstumsschwäche zum Jahreswechsel, »zeigt sich dann nicht in dem Risiko, arbeitslos zu werden. Sie zeigt sich aber in dem Risiko, wenn man arbeitslos geworden ist, wieder in den Arbeitsmarkt reinzukommen.«[57] Im Klartext: Abstellgleis.

Zieht man gar den europäischen Vergleich, dann stellen selbst die amtlichen Statistiker fest: Nach den Kriterien der Internationalen Arbeitsorganisation (ILO) beträgt der Anteil der Langzeitarbeitslosen an der gesamten Erwerbslosigkeit in Deutschland 47,3 Prozent (2011). Bei diesem Negativrekord übertraf Deutschland sogar Spanien und Frankreich (je 40,5 Prozent) und lag mit Abstand vor Ländern wie Dänemark (23) und Schweden (19,3 Prozent). »In anderen Ländern«, so der amtliche Befund, »gelingt es offensichtlich noch immer besser, strukturelle und verfestigte Arbeitslosigkeit zu vermeiden.«[58]

Fazit: Die schwarz-gelbe Regierung hat nicht nur mit dafür gesorgt, dass Millionen Menschen in Deutschland zu unwürdigen Löhnen arbeiten müssen und andere sogar in der Hartz-IV-Falle gefangen bleiben, während Kapitalbesitzer ihre Gewinne kräftig steigern. Auch bei der Langzeitarbeitslosigkeit nimmt Merkels Musterland sogar eine blamable Spitzenstellung in Europa ein.

»Während die Lohnentwicklung im oberen Bereich in Deutschland positiv steigend war, sind die unteren Löhne in den vergangenen zehn Jahren preisbereinigt gesunken. (...) Eine solche Einkommensentwicklung verletzt das Gerechtigkeitsempfinden der Bevölkerung und kann den gesellschaftlichen Zusammenhalt gefährden.«[59] So stand es sogar im Armuts- und Reichtumsbericht der Bundesregierung – jedenfalls im ersten Entwurf. Die zuständige Arbeitsministerin Ursula von der Leyen (CDU), im Merkel-Theater fest gebucht für die Rolle des sozialen Gewissens, hat längst verstanden: Das Thema sorgt für zu viel Unruhe, als dass ihre Partei es einfach totschweigen könnte. Deshalb muss es angesprochen – und durch symbolische Bekenntnisse zu weitgehend wirkungslosen »Lohnuntergrenzen« wieder abgeräumt werden.

Allerdings hatte das Wirtschaftsministerium unter Philipp Rösler, dessen FDP jede Lohnuntergrenze ablehnte, beim Ge-

genlesen aufgepasst und brachte die neoliberale Welt wieder in Ordnung. In einer zweiten Fassung war der Satz über die Verletzung des Gerechtigkeitsempfindens und die Gefährdung des Zusammenhalts verschwunden. Stattdessen wurde die Schaffung neuer Billigjobs positiv hervorgehoben und messerscharf geschlossen, die sinkenden Reallöhne in den unteren Einkommensgruppen seien »auch Ausdruck struktureller Verbesserungen«[60]. Von der Leyens Ministerium ließ wissen, eine solche Kehrtwende sei bei der Abstimmung unter den Ressorts »ein ganz normaler Vorgang«[61].

Rente und Co.: Rückwärts zur Reform

Zu den großen sozialstaatlichen Errungenschaften des 19. und 20. Jahrhunderts gehörten – neben der Arbeitslosenversicherung – die solidarischen Vorsorgesysteme der Renten- und Krankenversicherung. Wie bei den Arbeitslosen haben auch hier die »Reformen« der vergangenen Jahre zu erheblich schlechteren Leistungen für die Versicherten geführt. Hinzu kommt aber eine Veränderung, die beim Arbeitslosengeld bisher selbst Schwarz-Gelb nicht gewagt hat: Nicht nur auf der Ausgaben-, sondern auch auf der Einnahmeseite haben die Regierungen der vergangenen Jahre hier radikale Einschnitte durchgesetzt. Während bei der Arbeitslosenversicherung die paritätische Finanzierung durch Arbeitgeber und Arbeitnehmer bisher unangetastet geblieben ist, wurde bei Rente und Gesundheit der Grundgedanke einer solidarischen Finanzierung schon zu großen Teilen zerstört. Gleiches gilt nun auch für die Pflegeversicherung.

Dass sie genau das will – nicht anders als beim neoliberalen »Aufbruch« des Jahres 2003 –, daraus machte Angela Merkel auch beim schwarz-gelben Auftakt 2009 keinen Hehl: »Es muss Schluss sein mit den reflexartigen Reaktionen, etwa wenn über die Entkopplung von Arbeitskosten und Kosten der sozialen Sicherheit gesprochen wird.«[62] Diese technokratischen Formulierungen sind zwar interpretierbar, denn unter Entkopplung von Arbeits- und Sozialkosten könnte man auch überlegenswerte Schritte verstehen: zum Beispiel einen Umstieg auf Finanzierung durch Steuern, die ja nicht nur aus Arbeitseinkommen bezahlt werden. Oder auch das Modell der Bürgerversicherung, bei der alle Einkommensarten und nicht nur Löhne und Gehälter beitragspflichtig wären.

Aber die reale Politik dieser Regierung beweist: Die Offenheit der Formulierung stellt nichts anderes dar als die übliche Merkel'sche Rhetorik der Verschleierung. Gemeint ist, wenn Merkel von »Entkopplung« redet, der Abschied vom solidarischen Charakter der Sicherungssysteme. Gemeint sind die weitgehende Privatisierung von Lebensrisiken und die immer stärkere einseitige Belastung der Arbeitnehmer.

Bei der Rente war – wie leider auch in anderen Bereichen – die rot-grüne Regierung unter Schröder schon entscheidende Schritte vorausgegangen. Mit dem Namen des SPD-Ministers Walter Riester verbindet sich der historische Bruch mit dem Umlagesystem, bei dem die Beiträge aller, aufgeteilt zwischen Arbeitgebern und -nehmern, für die jeweils lebende Rentnergeneration sorgen. Aus Angst vor Beitragssteigerungen in diesem solidarischen System (vor denen auch Schröder vor allem die Unternehmen schützen wollte) machte man den künftigen Rentnern durch staatliche Zuschüsse die privaten Versicherungen schmackhaft – also genau die Finanzbranche, die am eigenen spekulativen Überschwang fast erstickt wäre. Das machte nicht nur die erhoffte Alterssicherung von Millionen Menschen in großen Teilen zunichte, weil die garantierten Renditen für Lebensversicherungen mit der Krise in den Keller gingen.[63] Es verteilte auch die Kosten der Vorsorge um – und zwar nach unten. Das ergibt sich aus der schlichten Tatsache, dass das »Riestern« ohne Arbeitgeberbeteiligung stattfindet.

Wer die staatliche Höchstförderung erhalten will, muss vier Prozent seines sozialversicherungspflichtigen Einkommens in die Versicherung stecken. Zieht man davon die staatliche Förderung ab, bleiben je nach Familienstand bis zu drei Prozent des Lohns, die der Versicherte allein bezahlt.[64] Sie müssen zum Arbeitnehmerbeitrag in der Gesetzlichen Rentenversicherung (2013: knapp 9,5 Prozent) hinzuaddiert werden. Natürlich zahlten auch früher schon diejenigen, die genug Geld für eine private Lebensversicherung hatten, ihren Beitrag allein. Nun aber, mit Inkrafttreten der Riester-Regeln 2002, war die private Vorsorge hochoffiziell zur Säule der notwendigen Alterssicherung erklärt, indem sogar der Staat einen Anteil per Riester-Zulage an die Versicherungen überwies. Die paritätische Finanzierung durch Arbeitnehmer und Arbeitgeber, also das solidarische System, war damit beendet.

Als Begründung diente und dient der »demografische Wandel«. In den Worten von Angela Merkel: »Wenn immer weniger Junge für immer mehr Ältere sorgen müssen, dann hat das natürlich Auswirkungen auf die Rente als Generationenvertrag, dann berührt das ganz konkret den Zusammenhalt von Alt und Jung.«[65] Hier handelt es sich um eine der populärsten Legenden in der deutschen Politik. Eine ganze Reihe von Tatsachen bleiben nämlich in den Horrorszenarien von den wenigen arbeitenden Menschen, die die vielen Alten versorgen müssten, ausgeblendet.

Erstens ist der Anteil der Alten zumindest auf lange Sicht kaum zuverlässig zu prognostizieren und schon gar nicht deren Gesundheitszustand, von dem ja abhängt, was sie einst »kosten« werden. Zweitens lassen die meisten Prognosen außer Acht, dass auch junge Menschen unter zwanzig großenteils nicht erwerbstätig sind, also von der arbeitenden Bevölkerung unterstützt werden müssen – und da deren Zahl ja relativ sinkt, gleicht dies die höhere Zahl der Älteren zum Teil wieder aus. Drittens wird systematisch verschwiegen, dass nicht nur die demografische Entwicklung, sondern vor allem auch die sinkende Zahl von sozialversicherungspflichtigen Arbeitsverhältnissen und der Anstieg prekärer Beschäftigungsformen die Beitragseinnahmen schmälert.[66]

Auf den vierten und vielleicht entscheidenden Punkt weist der Koblenzer Statistikfachmann Gerd Bosbach hin: Der Produktivitätsfortschritt werde heute »aus fast allen Überlegungen zu Rente und Demografie ausgeklammert«[67]. Rechnet man die steigende Produktivität auch nur in bescheidenem Maße mit ein, ergibt sich ein ganz anderes Bild: »Beträgt der Produktivitätsfortschritt in den nächsten fünfzig Jahren durchschnittlich nur ein Prozent – und das ist eine sehr pessimistische Prognose für unsere Wettbewerbswirtschaft –, so würden im Jahr 2060 in jeder Arbeitsstunde zwei Drittel mehr als heute hergestellt. Damit wäre ein Arbeitnehmer in der Lage, seinen Anteil für die gesetzliche Rente auf 20 Prozent zu verdoppeln und hätte trotzdem noch fast 50 Prozent mehr in der Tasche. Selbst ein absurd hoher Arbeitnehmeranteil von 30 Prozent für die Rente ließe ihm noch 28 Prozent mehr in seiner Tasche.«[68]

Das heißt: Das ganze Demografie-Gerede bräche in sich zusammen, wenn die Arbeitnehmer am steigenden Wert ihrer Arbeit endlich wieder angemessen beteiligt würden. Bosbach folgert: »Die Produktivität schlägt die Demografie, wenn die Umverteilung nicht die Löhne der Arbeitnehmer beschneidet. Schade, dass die Rentenkürzer der meisten Parteien dieses Wissen völlig ignorieren.«[69]

Lieber verspricht die Regierung Merkel unter dem skandalös beschönigenden Titel »Lebensleistungsrente« ein Almosen, das 15 bis 20 Euro über der Grundsicherung läge. Und das eine inzwischen altbekannte Voraussetzung hat: Zur »Lebensleistung«, die erst einmal erbracht werden muss, gehört neben vierzig Jahren Arbeit die sogenannte »private Vorsorge«, sprich: ein erzwungener Beitrag zum Wohl der privaten Versicherungen. Und das Versprechen, ältere Mütter bei der Rentenberechnung besserzustellen, soll zwar immer noch gelten, kann aber nach der Wahl jederzeit wieder einkassiert werden, denn es steht unter dem ausdrücklichen Vorbehalt der Finanzierung.

Dass die schwarz-gelbe Regierung auch das System der Pflegeversicherungen teilprivatisiert hat[70] und dass auch in der Krankenversicherung die paritätische Finanzierung längst Vergangenheit ist[71], sei hier nur am Rande erwähnt. Das alles – Fortsetzung inklusive – meint Angela Merkel, wenn sie davon redet, die Finanzierung der sozialen Vorsorge von den Arbeitskosten zu entkoppeln. Das Ziel liegt darin, noch die Vorsorge gegen die größten Lebensrisiken, die seit hundert Jahren auch im Kapitalismus als gesamtgesellschaftliche Aufgabe gesehen wurde, dem Einzelnen aufzubürden. Es wäre, zu Ende gedacht, der Abschied von der Idee des solidarischen Sozialstaats. Von einem Sozialstaat, der auch jene vor Risiken schützt, die es alleine nicht können.

Wir Untertanen

Wie gesehen, ist Angela Merkel wahrlich keine Freundin einer ordnenden »öffentlichen Hand«. Jedenfalls nicht in der Wirtschafts- und Sozialpolitik. Allerdings: Wenn es um Sicherheit und Ordnung geht, ob nach innen oder nach außen, dann wendet sich die Staatsverachtung der Bundeskanzlerin ins Gegenteil. Dann verwandelt sie sich in eine klassische Konservative: Derselbe Staat, der sich aus den ökonomischen Machtverhältnissen heraushalten soll, ist bei der Verteidigung der bestehenden gesellschaftlichen Machtverhältnisse plötzlich sehr gefragt.

Sicherheit: Bürger unter Verdacht

»Wir wollen ein ausgewogenes Verhältnis von Freiheit und Sicherheit. (...) Wir setzen auf die Freiheit des Einzelnen und stehen für die Sicherheit aller ein.«[1] Wann immer in Deutschland ein Koalitionsvertrag verfasst wird, dürfen Sätze wie diese – hier aus der Vereinbarung zwischen CDU/CSU und FDP von 2009 – nicht fehlen. Es gibt keine relevante Partei in Deutschland, die sich nicht bei jeder Gelegenheit zur Balance zwischen Sicherheit und Freiheit bekennen würde. Die Wirklichkeit sieht, erst recht nach zwei Legislaturperioden mit Angela Merkel, leider anders aus: Immer wieder wurde und wird der Sicherheitsapparat verstärkt. Und immer wieder werden dabei die verfassungsmäßigen Freiheitsrechte eingeschränkt.

Wie schon bei anderen Themen, etwa der Deregulierung der Finanzmärkte oder der Ausweitung des Niedriglohnsektors, hat leider auch hier die rot-grüne Regierung schon einige Vorarbeit geleistet. Spätestens nach den Anschlägen vom 11. September 2001 verwandelte sich Gerhard Schröders grüner Innenminister Otto Schily vom libertären Querdenker zum sicherheitspolitischen Hardliner. Unter seiner Federführung verabschiedete Rot-Grün gleich zwei Pakete von »Antiterrorgesetzen«, die sogenannten »Otto-Kataloge«. Damit wurde es unter anderem dem Verfassungsschutz erlaubt, bei Banken, Fluglinien und Telefonfirmen Daten einzuholen. Und das Bundeskriminalamt erhielt das Recht, ohne konkreten Tatverdacht zu ermitteln – im Klartext: vor allem Migrantenmilieus praktisch ungestört auszuspionieren.[2]

Damit sowie durch verstärkten Datenaustausch mit dem Verfassungsschutz wurde ein wichtiger deutscher Rechtsgrundsatz ausgehöhlt: die strikte Trennung zwischen Polizei und Geheimdiensten. Sie zählt zu den wichtigsten Lehren aus dem Nationalsozialismus und seiner »Geheimen Staatspolizei«. Im demokratischen Deutschland sollte dafür gesorgt sein, dass die Polizei erst eingreifen darf, wenn es den konkreten Verdacht einer Straftat gibt. Umgekehrt sollten Geheimdienste zwar ohne konkreten Verdacht ermitteln dürfen, aber dafür konnten deren Informationen nicht zur Strafverfolgung genutzt werden.

Das klingt abstrakt, und darin dürfte auch einer der Gründe liegen, warum die zunehmende Verletzung dieses Trennungsgebots selten auf breiten Widerstand stößt. In Wahrheit handelt es sich aber um einen der wichtigsten Schutzmechanismen für die Bürger. Niemand darf verfolgt oder verurteilt werden aufgrund von Informationen oder Vermutungen, die mit verdeckten, oft fragwürdigen Methoden erspäht und erspitzelt wurden. Dass dieser Grundsatz verletzt wird, merkt der Normalbürger erst, wenn er von Ermittlungen betroffen ist, womöglich zu Unrecht. Die Einschränkung der Freiheit zugunsten der Sicherheit ist nicht sofort zu spüren. Aber sie ist eine Zeitbombe an den Fundamenten des Rechtsstaats.

Die Regierungen unter Angela Merkel gingen Schilys Weg konsequent weiter, auch wenn die Kanzlerin die lauten Töne ihren Innenministern überlässt, und auch wenn die FDP-Justizministerin Sabine Leutheusser-Schnarrenberger sich hier und da sträubt, zum Beispiel bei der Speicherung von Telefonverbindungsdaten. Mit Antiterror-, Rechtsextremismus- und anderen Dateien, mit gleich mehreren gemeinsamen »Zentren« von Polizei und Verfassungsschutz, mit weitgehenden Befugnissen der Behörden zum Ausspähen vermeintlich verdächtiger Personen (vor allem Ausländer) und ihres Umfelds macht die Regierung klar, was sie vom »ausgewogenen« Verhältnis zwischen Sicherheit und Freiheit in Wirklichkeit hält. Selbst zur Bekämpfung des rechtsextremen Terrors fiel ihr nichts anderes ein als eine Datei und ein Zentrum der bekannten Art.[3]

Natürlich sorgten Schily und seine von Angela Merkel bestellten Nachfolger immer dafür, dass die grundgesetzlich festgeschriebene Trennung zwischen Polizei und Geheimdiensten formell aufrechterhalten wurde, zum Beispiel beim »Gemeinsamen Terrorismusabwehrzentrum« von Polizei und Verfassungsschutz. Aber der organisierte Datenaustausch weichte die Grenze natürlich auf, denn die Trennung besteht letztlich nur darin, dass ein Beamter die Mütze des Polizisten und ein anderer den Schlapphut der Geheimdienstler trägt, während sie ihre Informationen teilen.

Besonders auffällig ist, neben der zunehmenden Aushöhlung des Trennungsgebots, die Sammelleidenschaft der Sicherheitsbehörden, der die Gesetzgeber mit immer neuen Lausch- und Spähbefugnissen Nahrung geben. So verabschiedete die CDU-SPD-Koalition 2008 ein neues Gesetz über das Bundeskriminalamt. Von Michael Naumann, einst Kulturstaatsminister bei Gerhard Schröder und später Mitherausgeber der *Zeit*, stammt die treffende Formulierung vom »Misstrauensrecht von BKA-Beamten«[4]. Sie durften nun zur Abwehr terroristischer »Gefahren« – also keineswegs nur zur Strafverfolgung – unter anderem Computer online durchsuchen sowie Telefone und Wohnräume überwachen.[5]

All das wäre höchst fragwürdig selbst dann, wenn feststünde, dass es bei der Terrorbekämpfung hilft. Aber auch das ist unsicher, denn eine gründliche Erfolgskontrolle wissen die Verantwortlichen zu verhindern. Noch Ende 2012 monierte der Bundesdatenschutzbeauftrage Peter Schaar, »dass insbesondere die aufgrund konkreter Bedrohungen eingeführten Befugnisse der Sicherheitsbehörden selbst nach einer Entspannung der Sicherheitslage nicht zurückgenommen wurden. Noch im vergangenen Jahr wurden die nach dem 11. September 2001 unter Zeitdruck erlassenen Anti-Terror-Gesetze erneut ohne gründliche, unabhängige Überprüfung verlängert. Der gesetzlich geforderte Evaluierungsbericht wurde vor der Verabschiedung des Gesetzentwurfs nicht vorgelegt.«[6]

So steht der Bürger, in jeder Minute potenzielles Beobachtungsobjekt, unter dem Generalverdacht »seines« Staates. Stück für Stück opfert auch die Regierung Merkel den Schutz vor Eingriffen in die persönliche Freiheit. Sie opfert ihn einer Sicherheitspolitik, die sich unter Gefahrenabwehr und Vorbeugung wenig anderes vorzustellen vermag als immer mehr Kontrolle. Statt Konflikte an ihren Wurzeln zu packen – etwa durch konsequente Bekämpfung der Intoleranz gegen Migranten –, setzt sie auf Überwachung und Repression. Und Angela Merkel folgt auch hier ihrem bewährten Motto: Hauptsache, die Leute merken es (noch) nicht.

Asyl und Integration: Guter Fremder, böser Fremder

Am 24. Oktober 2012 eröffnete Angela Merkel das Berliner Denkmal für die von den Nazis ermordeten Sinti und Roma. In ihrer Rede zitierte sie den ehemaligen Bundespräsidenten Roman Herzog mit den Worten: »Totalitarismus und Menschenverachtung bekämpft man nicht, wenn sie schon die Macht ergriffen haben. Man muss sie schon bekämpfen, wenn sie zum ersten Mal – und vielleicht noch ganz zaghaft – das Haupt erheben.«[7]

Mit eigenen Worten fügte die Kanzlerin hinzu: »Im ehrenden Gedenken der Opfer liegt immer auch ein Versprechen. So verstehe ich auch unseren Auftrag zum Schutz von Minderheiten heute nicht nur im Blick auf die Schrecken der Vergangenheit, sondern als Auftrag für heute und für morgen.«

Nur wenige Tage zuvor hatte Merkels Koalitionspartnerin, die CSU, einen Beschluss gefasst, der sich mit der steigenden Zahl von Asylbewerbern aus Serbien und Mazedonien – vor allem Roma – beschäftigte. Da war der Ton ein ganz anderer: »Wir können es nicht dulden, dass die Visafreiheit für diese Länder zu verstärktem Asylmissbrauch führt.«[8] Die CSU forderte deshalb eine Beschleunigung der Verfahren (sprich: der Ablehnungen). Mit den eiskalt technokratischen Worten von Innenminister Hans-Peter Friedrich: »Abwicklung innerhalb kürzest möglicher Zeit bleibt das Ziel.«[9] Die erwünschten Schlagzeilen – einen Tag nach Merkels Rede am Mahnmal – kamen prompt: »Friedrich will Roma-Zustrom aufhalten«. Und die Kanzlerin widersprach ihrem Minister nicht. Der »Zustrom« aus beiden Ländern bestand übrigens aus genau 13 023 Asylanträgen für das ganze Jahr 2012 – bei 80 Millionen Einwohnern in Deutschland.[10]

Tatsächlich handelt es sich bei den Roma aus dem ehemaligen Jugoslawien um »Wirtschaftsflüchtlinge« – wenn man unter

»Wirtschaftsflüchtling« jemanden versteht, der unter Ächtung durch seine Umwelt und praktisch ohne Chance, seinen Lebensunterhalt zu verdienen, in einem ghettoartigen Lager lebt und diesen Zuständen zu entkommen sucht.[11] Wenigstens einen Winter lang, bis das reiche Deutschland ihn wieder nach Hause schickt. Aber im herrschenden Diskurs steht »Wirtschaftsflüchtling« für etwas anderes, nämlich für »keine Chance«: Wer nicht aus »politischen Gründen« verfolgt wird, bekommt in Deutschland kein Asyl. Mit viel Glück wird er zumindest vorübergehend nicht abgeschoben, weil die Genfer Flüchtlingskonvention auch bei Verfolgung wegen »Zugehörigkeit zu einer bestimmten sozialen Gruppe« einen gewissen Schutz vorsieht. Aber auf die Sicherheit, als »Asylberechtigter« auf Dauer bleiben zu dürfen, können sogenannte Wirtschaftsflüchtlinge nicht hoffen. Deshalb verwenden deutsche Innenpolitiker diesen Begriff so gern.

Angela Merkel sagte bei der Denkmalseröffnung auch: »Sinti und Roma müssen auch heute um ihre Rechte kämpfen. Deshalb ist es eine deutsche und eine europäische Aufgabe, sie dabei zu unterstützen, wo auch immer und innerhalb welcher Staatsgrenzen auch immer sie leben.«[12] Sie hätte hinzufügen können: Nur bitte nicht bei uns.

Wer für mehr Großzügigkeit plädiert, bekommt meistens zur Antwort, man könne schließlich nicht all die Armen der Welt oder auch nur Europas nach Deutschland holen. Allerdings hat das auch niemand gefordert. Es geht einerseits um humanitäre Verhaltensweisen wie etwa den Abschiebestopp für den Winter 2012/2013, den wenigstens einige Bundesländer kurz vor Weihnachten 2012 erließen.[13] Es geht aber vor allem auch um den Missbrauch derartiger Flüchtlingsbewegungen für populistische Kampagnen gegen Zuwanderung und Zuwanderer.

Es sind genau die von konservativen Politikern geschürten Ressentiments, die dann zur Legitimation einer geradezu menschenverachtenden Politik genutzt werden können. Seit der Einschränkung des Asylrechts in Deutschland (1992) ist es dem reichsten EU-Mitglied gelungen, den größten Teil der Migration von den eigenen Grenzen fernzuhalten. Wer aus einem »sicheren Drittstaat« einreist – und als solche sind alle Nachbarstaaten Deutschlands klassifiziert –, hat hier praktisch keine Chance auf Asyl. Und an den Außengrenzen betreibt die EU seit Jahren eine von Deutschland forcierte Politik[14], die die Kanzlerin einmal in einem versehentlichen Anfall von Ehrlichkeit mit dem treffenden Begriff beschrieb: »Flüchtlingsbekämpfung«[15]. Dass angesichts dieser beschämenden Politik bereits Tausende im Mittelmeer ertrunken sind[16], ist der Kanzlerin offensichtlich egal.

Innenpolitisch diente und dient das derart missbrauchte Asylthema der Aufrechterhaltung von Ängsten und Ressentiments gegenüber Ausländern. Schon 1992 bescheinigte der Migrationsforscher Klaus J. Bade der Regierung Kohl in der Ausländer- und Integrationspolitik »eine Tendenz zur Einbeziehung und Instrumentalisierung der ganz anders gelagerten Asylthematik«[17].

Selbstverständlich könnte es sich heute keine Regierung leisten, auf Projekte wie den »Nationalen Aktionsplan Integration«[18] zu verzichten. Er enthält eine Reihe guter und richtiger Projekte wie die Sprachförderung von Kindern oder die Erhöhung des Migrantenanteils in der Verwaltung. Doch angesichts der eigentlichen Aufgaben wirkt die Merkel'sche Politik eher blamabel: Das Armutsrisiko, von dem Kinder mit Migrationshintergrund wesentlich stärker betroffen sind als deutschstämmige[19], ist in ihrer Regierungszeit gestiegen. Und mit einem milliardenteuren »Betreuungsgeld« wird der Versuch der öffentlichen Frühförderung konterkariert, während das Geld nicht einmal für den versprochenen Ausbau des Angebots an Kindertagesstätten reicht.

Auch an Bades Befund von der Instrumentalisierung des Asylthemas hat sich bis heute nichts geändert, wie die Debatte über die Roma aus Serbien und Mazedonien zeigt. Und die Abwehrrhetorik schlägt sich in den entsprechenden Reflexen nieder. Der Bielefelder Sozialforscher Wilhelm Heitmeyer registriert in seinen Langzeitstudien gefestigte rechtspopulistische Einstellungen bei zehn Prozent der Bevölkerung. Und die etwas mildere Variante ist sogar mehrheitsfähig: »Über 50 Prozent der Befragten sagen heute, sie hätten große Probleme, in eine Gegend zu ziehen, in der viele Muslime leben. Das ist ein Anstieg um sechs Prozent in den letzten sieben Jahren.«[20]

Wer sich fragt, warum eine rechtsextreme Mörderbande wie der »Nationalsozialistische Untergrund« NSU in Deutschland jahrelang unentdeckt bleibt, während die Ermittler vor allem das direkte Umfeld der ermordeten Migranten verdächtigen, der wird die Erklärung nicht zuletzt in diesen tief verankerten Ressentiments gegen »die Ausländer« finden. Sie machen natürlich weder vor Polizisten Halt noch vor den Aktenschreddern in unseren Ämtern für Verfassungsschutz.

Angela Merkel hat sich bei den Angehörigen der NSU-Opfer für das Versagen der Behörden entschuldigt, immerhin. Sie hat ihnen versprochen, sie werde »nicht hinnehmen, dass Menschen Hass, Verachtung und Gewalt ausgesetzt werden«. Man werde, so hat sie gesagt, »entschieden gegen jene vorgehen, die andere wegen ihrer Herkunft, Hautfarbe, Religion verfolgen«[21]. Der Beweis steht noch aus. Aber einen Innenminister, der Hass und Verachtung skrupellos schürt, lässt diese Kanzlerin gewähren. Und die blamable Abschottungspolitik Deutschlands und der EU verantwortet sie an führender Stelle selbst.

Außenpolitik: Missbrauchte Menschenrechte

Außenpolitik, das weiß natürlich auch die zweite Regierung Merkel, bewegt sich immer im Spannungsfeld zwischen Interessen und Werten. So ähnlich steht es im Koalitionsvertrag zwischen CDU/CSU und FDP: »In der Zeit der Globalisierung muss der Westen zu mehr Geschlossenheit finden, um seine Interessen durchzusetzen und gemeinsame Werte zu bewahren.«[22]

Ein paar Seiten später wurde in diesem Abkommen der Menschenrechtsaspekt noch einmal ausdrücklich betont: »Die Glaubwürdigkeit Deutschlands steht in direktem Zusammenhang mit dem konsequenten Eintreten für die Menschenrechte in der Außen- und Entwicklungspolitik. Ihre Einhaltung ist das Fundament für die demokratische, wirtschaftliche und kulturelle Entwicklung jedes Landes. Körperliche und geistige Unversehrtheit, Gedanken- und Meinungsfreiheit und die Freiheit von Diskriminierung sind unveräußerliche Prinzipien unserer Menschenrechtspolitik.«[23]

Unveräußerliche Prinzipien? Das klingt gut, erweist sich aber angesichts der realen Politik von Schwarz-Gelb zu großen Teilen als Lippenbekenntnis: Auch vor diesem Anspruch hat sich die schwarz-gelbe Koalition blamiert – mit Angela Merkel an der Spitze.

Das ließe sich an vielen Beispielen belegen, vom fragwürdigen Afghanistan-Einsatz bis zur Dominanz der wirtschaftlichen Interessen im Verhältnis zum »Exekutions-Weltmeister« China. Hier mag ein anderes Feld der Außenpolitik als Beispiel gelten: der Umgang der Regierung Merkel mit Waffenexporten. Daran zeigt sich besonders deutlich, wie schnell die »unveräußerlichen« Menschenrechte hinter knallharter Interessenpolitik verschwinden. Dass Griechenland zwischen 2006 und 2010 Deutschlands bester Waffenkunde war[24], sei hier nur am Rande erwähnt – für alle, die sich fragen, wofür und bei wem sich dieses Land so stark verschuldet hat. Unter dem Aspekt der »unveräußerlichen« Menschenrechte aber war der Waffenhandel mit Saudi-Arabien der traurige Höhepunkt der zweiten Regierung Merkel.

Gleich dreimal in der schwarz-gelben Legislaturperiode sorgten geplante Lieferungen in diese menschenrechtsverachtende Diktatur für Aufsehen: Zuerst, im Sommer 2011, ging es um zweihundert Kampfpanzer vom Typ »Leopard«[25]. Im Dezember 2012 berichtete dann wiederum der *Spiegel* über eine saudische Anfrage für Hunderte Radpanzer des Typs »Boxer«. Der Autor fügte hinzu: »Der ›Boxer‹ ist straßentauglich und geeignet zur Bekämpfung von Aufständen.«[26] Und gegen Ende des Jahres waren es ABC-Spürpanzer, um die die saudischen Diktatoren baten.[27]

Die Geschäfte waren bei Drucklegung dieses Buches noch nicht endgültig unter Dach und Fach, aber Verteidigungsminister Thomas de Maizière ließ an der Einstellung der Bundesregierung keinen Zweifel: »Einfach zu sagen, Menschenrechte sind hier das alleinige Kriterium, reicht nicht aus.«[28] Saudi-Arabien, so gab das *Handelsblatt* den Minister wieder, »sei keine Demokratie, aber ein Land, das für die Stabilität im Nahen Osten eine große Rolle spiele. Es werde vor allem durch den Iran bedroht.«[29]

»Keine Demokratie«? Skrupelloser kann man Verhältnisse nicht verharmlosen: »Die Todesstrafe wurde 2011 mindestens 73-mal vollstreckt, Körperstrafen wie zum Beispiel das Auspeitschen werden regelmäßig vollzogen, Dissidenten werden inhaftiert, Geständnisse erzwungen, Frauen werden wesentliche Menschenrechte vorenthalten, minderjährige Mädchen zwangsverheiratet, freie Meinungsäußerung ist nur teilweise möglich, die Religionsausübung für nicht-muslimische Religionen verboten, die schiitische Minderheit im Osten des Landes wird diskriminiert und ausländische Arbeitnehmer sind weitgehend rechtlos.«[30] So sieht – in den Worten des eigenen Außenministeriums – das Land aus, mit dem die Regierung Merkel für »Stabilität« in der Region sorgen will.

Nicht einmal der »arabische Frühling« hat die Regierung Merkel eines Besseren belehrt und von einem anderen Verständnis von »Stabilität« überzeugt. Keines der Regime, die während der »Arabellion« ins Wanken gerieten oder stürzten, hätte bis dahin ohne westliche Unterstützung überlebt – mit Ausnahme Syriens, das sich allerdings auf die Russen verlassen konnte, und des Iran. Saudi-Arabien aufzurüsten, um die Syrer und die Iraner in Schach zu halten – das ist das Denken des Kalten Krieges, dem Demokratie und Menschenrechte herzlich egal sind, solange die Regime den westlichen Interessen dienen. Und wenn sie das nicht mehr tun, weil die Bevölkerungen sich erheben und die Unruhe zu groß wird – dann helfen wir, wiederum mit unseren Waffen, beim Sturz der Despoten.

Angela Merkel, die Meisterin der rhetorischen Verschleierung, bewies diese Fähigkeit im Oktober 2012 auch beim Thema Rüstung: »Wer sich der Friedenssicherung verpflichtet fühlt, aber nicht überall auf der Welt eine aktive Rolle in der Friedenssicherung übernehmen kann, der ist auch dazu aufgerufen, vertrauenswürdigen Partnern zu helfen, damit sie entsprechende Aufgaben übernehmen.«[31] Im Klartext: »Friedenssicherung« bedeutet nichts anderes als Militäreinsatz oder zumindest die Lieferung der dazu notwendigen Waffen.

Abgesehen von der ethischen Verwerflichkeit solcher Politik muss auch bezweifelt werden, dass sie tatsächlich den Interessen des Landes dient – sieht man von der Rüstungsindustrie einmal ab, deren Produkte Deutschland zur Nummer drei in der Weltliga der Waffenexporteure gemacht haben. Dass das Ziel möglichst großer Stabilität in Konfliktregionen durch Waffenlieferungen für Diktatoren nicht zu erreichen ist, hätten spätestens die arabischen Aufstände selbst der deutschen

Kanzlerin klarmachen müssen. Stattdessen treibt ihre Regierung das alte Geschäft der Aufrüstung weiter.

Es war die Linken-Abgeordnete Inge Höger, die in einer Bundestagsdebatte zu Rüstungsexporten die passenden Worte fand: »Nicht nur für die innenpolitischen Situationen sind Waffenlieferungen in den Nahen und Mittleren Osten brandgefährlich. Gleiches gilt für die außenpolitische Situation: Wer die Golfstaaten gegen den Iran aufrüstet, der verschärft das Wettrüsten und erhöht die Kriegsgefahr in der gesamten Region. (...) Wer politische Lösungen will, der muss sich für Verhandlungen und Abrüstung einsetzen. Waffenlieferungen sind das falsche Signal.«[32]

Die Rüstungsexporte fügen sich in ein Gesamtbild, das geprägt ist durch zunehmende Wirtschaftsorientierung und Militarisierung der Außenpolitik. Ganz selbstverständlich sichert die Bundeswehr am Horn von Afrika nichts anderes als unsere Ein- und Ausfuhren gegen den nahezu einzigen florierenden Industriezweig der zerfallenden afrikanischen Anrainerstaaten: die Piraterie. Und längst wird die Bundeswehr zur globalen Eingreiftruppe umgebaut. Vor allem diesem Ziel dürfte nicht zuletzt auch die Aussetzung des Wehrdienstes gegolten haben – und nicht der berechtigten Abneigung gegen einen Zwangsdienst, der ohnehin nur noch diejenigen traf, die nicht schnell genug auf den Bäumen waren.

Minister de Maizière intoniert die Begleitmusik, indem er die Normalisierung des Militärischen voranzutreiben versucht. Als Kronzeugen missbraucht er dafür, nicht anders als Bundespräsident Joachim Gauck mit seinen »Mutbürgern in Uniform«, die Soldaten, die sich nicht selten aus subjektiv redlichen Motiven engagieren. Sie zu ehren – und damit die Kritik an der fatalen Politik ihrer Auftraggeber zum Schweigen zu bringen –, das ist ihm ein ganz besonderes Anliegen. De Maizières vorerst jüngster Vorschlag: ein »Veteranentag« für ehemalige Mitglieder der kämpfenden Truppe.[33] Der eigentlich Zuständige, Außenminister Guido Westerwelle (FDP), darf sich derweil die Prügel abholen, wenn Deutschland – wie beim Einsatz in Libyen – einmal nicht »Ja« sagen mag.[34]

Demokratie: Immer schön volksam

Der Umgang der Bundeskanzlerin mit den bestehenden Organen der repräsentativen Demokratie wurde bereits im ersten Kapitel erwähnt: Gerade bei der Eurorettung testet sie ganz offensichtlich die Grenzen der Verfassung und die Geduld des höchsten deutschen Gerichts.[35] Wo es gar um die Erweiterung demokratischer Mitsprache geht, hat sich Angela Merkel auf andere Weise, nämlich durch gezieltes Nichtstun, blamiert. Ein einziges Mal in ihrer Regierungszeit hätte die Kanzlerin Gelegenheit gehabt, sich als moderne Demokratin zu erweisen: beim Streit um den Tiefbahnhof Stuttgart 21, der als Symbol für die Auseinandersetzung um erweiterte Mitgestaltungsrechte der Bürger stand. Diese Chance hat sie mutwillig verspielt.

Gegen Ende des Jahres 2012 sprach Ex-Nationaltorwart Oliver Kahn in der *Frankfurter Rundschau* über Themen wie Sportlerernährung und Gewichtsabnahme, aber auch über die Medien und die Frage, ob sie »Interessen und Stimmungslagen der Menschen wirklich treffen«. Und so kam er auf die Protestbewegung gegen den Tiefbahnhof Stuttgart 21. »Da gab es Demos, Debatten in den Zeitungen und im Internet, Shitstorms«, sagte Kahn. »Unendlich viele Meinungen jedenfalls, bei denen einen das Gefühl beschlichen hat, die Baden-Württemberger seien annähernd geschlossen gegen diesen neuen Bahnhof. Aber (...) als die Volksabstimmung kam, ging das Neubauprojekt ganz locker durch. (...) Das heißt: Wirklich relevant ist am

Ende möglicherweise etwas ganz anderes als das, was die Medien lange Zeit vermittelt haben.«[36]

Es bedarf in diesem Zusammenhang wahrlich eines »Torwart-Titanen«, um zu ermitteln, was »wirklich relevant« ist. Jedenfalls dann, wenn man es sich sehr einfach machen will mit dem Verhältnis zwischen den Bürgern einerseits und den Entscheidungen unserer staatlichen Institutionen andererseits. So einfach wie zum Beispiel Angela Merkel, die im September 2010, ein halbes Jahr vor der Landtagswahl in Baden-Württemberg, verkündete: »Bei völlig rechtmäßig getroffenen Entscheidungen braucht man keine Bürgerbefragung in Stuttgart. Vielmehr wird genau die Landtagswahl im nächsten Jahr die Befragung der Bürger über die Zukunft Baden-Württembergs, über Stuttgart 21 und viele andere Projekte sein, die für die Zukunft dieses Landes wichtig sind. Das ist unsere Aussage.«[37]

Das steht zwar im Widerspruch zur Aussage des Ex-Torhüters, denn nach Merkels Logik hätte das Projekt gleich nach dem Wahlsieg der Grünen gestoppt werden müssen. Aber eins haben Kahn und Kanzlerin gemeinsam: Protest und Engagement vieler Menschen sind für sie nicht »wirklich relevant«, soweit sie sich jenseits der klassischen Verfahren wie Wahlen und Abstimmungen bewegen.

Der Wert von Wahlen und Referenden soll hier keineswegs bestritten werden. Aber etwas komplizierter ist es dann schon. So hätte Oliver Kahn kurz vor Weihnachten 2012 bereits wissen können, dass die Volksabstimmung von 2011 in Baden-Württemberg unter falschen, manche sagen: gefälschten Voraussetzungen stattfand. Denn nun hatte die Bahn endlich zugegeben, was die Bahnhofsgegner bereits seit langem befürchteten: dass die Kosten für Stuttgart 21 den Rahmen von 4,5 Milliarden Euro übersteigen würden. Vor dem Referendum hatten der Konzern und seine Unterstützer in Wirtschaft und Politik immer wieder behauptet, noch teurer werde es nicht.

Stattdessen hatten sie die Kosten für einen Ausstieg nach Ansicht der Skeptiker extrem hoch angesetzt.

So ist es schon fragwürdig, wenn den Befürwortern – und leider jetzt auch dem grünen Ministerpräsidenten Winfried Kretschmann[38] – nichts Besseres einfällt als die Behauptung, »als Demokraten« müssten sie das Ergebnis der Volksabstimmung auch jetzt noch akzeptieren und den Bahnhof weiterbauen. Als sei es egal, dass sich die Voraussetzungen komplett verändert haben. So wird der Bürgerprotest gezielt diffamiert.

Wo weniger wirtschaftliche oder machtpolitische Interessen das Handeln bestimmen, ist die Debatte schon wesentlich weiter. So sehen Wissenschaftler wie der Magdeburger Politologe Roland Roth in Äußerungen wie Merkels Berufung auf die »rechtmäßig getroffenen Entscheidungen« einen »repräsentativen Alleinvertretungsanspruch«[39], der die Einstellungen und Motive der engagierten Bürger ignoriere: »Die Bürgerschaft (...) meldet sich zunehmend zu Wort; sie will direkten Einfluss auf politische Entscheidungen nehmen und nicht nur periodisch das Personal auswählen, das für sie und über ihre Köpfe hinweg entscheidet«, schreibt Roth unter Berufung auf repräsentative Befragungen.[40]

Wie Roth, so setzt auch der Kulturwissenschaftler Claus Leggewie keineswegs vorrangig auf Plebiszite, die am Ende eines Planungsprozesses stehen. Leggewie spricht vielmehr von einem »neuen Gesellschaftsvertrag«: »Eckpfeiler des neuen Gesellschaftsvertrags ist (...) der gestaltende Staat mit mehr Bürgerbeteiligung.«[41] Um diese Partizipation wirklich wirksam werden zu lassen, so Leggewie, »muss die Bürgerschaft über die (...) Vorhaben zu einem Zeitpunkt unterrichtet werden, in dem noch Optionen offen sind und sie aktiv in den Planungs- und Zulassungsprozess einbezogen werden kann«[42]. Zwar bezieht sich dieser Passus speziell auf die Energiewende, ist aber auf Projekte wie den Stuttgarter Bahnhof durchaus übertragbar.

Vorschläge für die Organisation einer frühzeitigen Bürgerbeteiligung gibt es in Hülle und Fülle, und vieles davon wird in der Praxis längst ausprobiert.[43] Doch davon, den neuen demokratischen Verfahren einen gesetzlichen Rahmen zu geben, ist die Regierung Merkel Lichtjahre entfernt.

So legte zwar Verkehrsminister Peter Ramsauer (CSU) unter dem Druck der Stuttgarter Ereignisse ein »Handbuch für eine gute Bürgerbeteiligung« vor, in dem er gleich zu Beginn betonte: »Um Bürgerwünsche und Erfordernisse der Infrastruktur so weit wie möglich in Einklang zu bringen, brauchen wir eine Bürgerbeteiligung von Anfang an.«[44] In Wahrheit aber beschränkten sich die Vorschläge darauf, im Rahmen der bestehenden Verfahren die Bürger im Internet und bei Veranstaltungen besser als bisher zu informieren. Das ist besser als nichts, aber mit zusätzlichen Beteiligungsrechten ist es nicht verbunden: »Die eigentliche Abwägungsentscheidung findet aber im Raumordnungs- und Planfeststellungsverfahren statt.«[45]

Daraufhin resümierte unter anderem das Bundesnetzwerk Verkehr mit Sinn (BNVS), eine neu gegründete Dachorganisation von Bürgerinitiativen und Verbänden im Verkehrsbereich: »Die Zielsetzung ist laut Minister Ramsauer, ›dass aus Betroffenen Beteiligte werden‹. (…) So ein Ziel ist in einem Rechtsstaat nur erreichbar, wenn Bürger echte einklagbare Rechte erhalten. Ramsauer plant aber ausschließlich Goodwill-Maßnahmen der Behörden, die künftig gnadenhalber gewährt werden sollen. Aus Betroffenen würden Beteiligte aber nur, wenn sie endlich substantiell Einfluss auf Planungen nehmen könnten – einschließlich der Frage des Ob der Maßnahme insgesamt.«[46]

So galt auch hier, was auf praktisch allen Themengebieten für die Politik der Regierung Merkel gilt: Dem Bekenntnis, der ganzen Bürgerschaft Rechnung zu tragen, folgt in der Praxis kaum mehr als die Fortsetzung der alten Klientelpolitik.

Die andere Mehrheit

Was tun? Wer sich wünschte, dass der Nebel der Verschleierung verschwinden und Angela Merkels Betrug am Wähler auffliegen würde, hatte am Anfang des Wahljahres 2013 wenig Grund zur Hoffnung. Die CDU-Vorsitzende stand an der Spitze der demoskopischen Zufriedenheitsskala, weit vor dem SPD-Kandidaten Peer Steinbrück.[1] Geradezu perfekt scheint gelungen zu sein, was sie mit ihrer »Kanzlerinfüralle«-Rhetorik systematisch betreibt.

So berichtete der *Spiegel* im November 2012 über eine Umfrage im Auftrag des Bundespresseamts, nach der etwa 70 Prozent der Bevölkerung treffend bemerkten, die Regierung »bediene lediglich die Interessen einzelner Gruppen«. Fast ebenso viele allerdings, 67 Prozent, bewerteten die Arbeit der Kanzlerin selbst als »eher gut«.[2] Auch die CDU/CSU profitierte, glaubt man den Demoskopen, vom Kanzlerinnenbonus, statt für die reale Politik ihrer Regierung bestraft zu werden: Mit 41 Prozent lag sie Anfang Januar weit vor der SPD (28).[3]

An diesen Befunden ändert auch der rot-grüne Start ins Wahljahr 2013 nichts. So verständlich es erscheint, dass der mit minimalem Vorsprung erreichte Regierungswechsel in Niedersachsen[4] bei den Siegern erleichtert aufgenommen wurde, so verfehlt wäre jede Art von Euphorie.

So erklärte sich das schwache Ergebnis der CDU – die allerdings immer noch deutlich vor der SPD lag – vor allem durch Leihstimmen vieler Unionswähler für die FDP. Deren Wiedereinzug in den Landtag wiederum zeigte, dass das vielleicht wichtigste Kalkül von SPD und Grünen keineswegs aufgehen muss: die klare Mehrheit der Abgeordneten im Bundestag dadurch zu gewinnen, dass die FDP unter fünf Prozent bleibt und ihre Stimmen für Merkel verloren sind. Zudem flog die Linkspartei in Niedersachsen aus dem Landtag. Aber die 3,5 Prozent, die sie dort erhielt, würden als westdeutsches Ergebnis wahrscheinlich immer noch reichen, um gesamtdeutsch über fünf Prozent zu kommen.

Ziehen also FDP und Linke wieder in den Bundestag ein, erscheint Angela Merkels Ablösung aus der Sicht des Jahresanfangs 2013 höchst unwahrscheinlich – jedenfalls durch Rot-Grün allein und ohne Hilfe der Linken.

Alternative ohne Chance?

Man muss Umfragen nicht so wichtig nehmen wie manche Medien. Aber einen Trend scheinen sie zu bestätigen: Es gibt – ungeachtet der Beliebtheit Merkels und der günstigen Prognosen für ihre Partei – realistische Chancen für eine »Mehrheit links der Mitte«. Das gilt aber – wenn die FDP wieder in den Bundestag einzieht – wohl nur für SPD, Grüne und Linkspartei gemeinsam. Und es gibt schlechte Chancen, diese Mehrheit wirksam werden zu lassen, weil die SPD und vielleicht sogar die Grünen sich lieber der CDU/CSU anbieten würden, als endlich das Tabu gegenüber der Linkspartei zu brechen. Auch dieses Mal schließen sie ein rot-grün-rotes Bündnis wieder kategorisch aus.

In dieser Lage wird sich manch einer in der Meinung bestätigt fühlen, dass sich mit Wahlen im Kapitalismus ohnehin nichts verändern lasse. Erst recht nicht angesichts eines SPD-Kanzlerkandidaten, der zunächst als Lohnredner, Thyssen-Lobbyist und Freund der Finanzbranche auffiel und nicht als Vertreter einer Alternative zur Politik der Kanzlerin Merkel.

Tatsächlich gibt es viele Gründe, nur begrenzte Hoffnung auf die etablierten Parteien zu setzen, wenn es um echte Alternativen zur wirtschaftsfreundlichen Interessenpolitik geht. Tatsächlich sollte der Blick auf die Bundestagswahl niemanden hindern, ein besonderes Augenmerk auf das außerparlamentarische Engagement zu richten und sich daran zu beteiligen. Dass beispielsweise »Occupy« zunächst aus dem Blickfeld der breiten Öffentlichkeit verschwand, hat viele Gründe: Der symbolische Protest in den Camps an den Finanzplätzen New York, London und Frankfurt erschöpfte sich, so schien es, im wachsenden Desinteresse der Medien, in den Verboten und der Repression durch die örtlichen Behörden, aber auch in der Ermüdung der Beteiligten. Dass der Widerstand gegen die drohende Verarmung breiter Bevölkerungsschichten auch Obdachlose anzog – mit den entsprechenden Konflikten in den Camps –, wusste die etablierte Politik zu erfolgreicher Propaganda gegen Schmutz und angebliche Rattenplagen in den Innenstädten zu nutzen, nachdem sie zu Beginn noch altväterliches Wohlwollen geheuchelt hatte. Und selbst bei manchen Sympathisanten verfing wohl auch der Vorwurf, die Demonstranten hätten ja gar keine richtige Alternative zum bestehenden System – was für ein absurdes Ansinnen an eine Bewegung, die sich gerade erst zur gemeinsamen Aktion gefunden hat![5]

Doch wirklich verschwunden sind die oft jungen Aktivisten nicht. Nicht verschwunden ist auch die Perspektivlosigkeit vor allem in Ländern wie Griechenland und Spanien, wo bei 50 Prozent Jugendarbeitslosigkeit eine ganze Armutsschicht gut ausgebildeter Menschen heranzuwachsen droht, die man – in Anlehnung an die »working poor« im Niedriglohnsektor – als Generation der »educated poor« bezeichnen kann. Nicht verschwunden sind sicher auch die Wut über diese Verhältnisse und der Wunsch, etwas dagegen zu tun.

»Die Straße«, so viel darf gehofft werden, wird also auch weiter ein Ort der politischen Auseinandersetzung bleiben, ob es nun ums Finanzsystem geht oder um unsinnige Milliardenprojekte wie einen Tiefbahnhof. Das ist auch notwendig, denn die Feststellung, dass unser Wahl- und Parteiensystem allein nicht für die notwendige Veränderung sorgt, ist ja keineswegs falsch.

»Wenn Wahlen etwas ändern würden, dann wären sie verboten«[6] – mit diesem Satz pflegen die Verfechter der Fundamentalkritik das bestehende System zu verwerfen. Für sie leben wir unter der Herrschaft des Kapitals, das sich der repräsentativen Demokratie und ausnahmslos aller Parteien lediglich zur Durchsetzung seiner Interessen bedient.

Daran ist mehr richtig, als der Mehrheit der Bundesbürger lieb sein kann. Und doch ist es nicht die ganze Wahrheit. So erschreckend ähnlich sich die Parteien zu sein scheinen, vor allem, wenn sie regieren, und so gering die Chancen auf echte Veränderung durch Wahlen auch sein mögen – es wäre dumm, die bestehenden Freiheitsräume nicht zu nutzen, um Breschen zu schlagen in die ungebrochene Herrschaft der ökonomisch Mächtigen und ihrer politischen Fahnenträger. Auch wenn ein simpler Regierungswechsel noch lange keine Revolution darstellt. Niemand ist gehindert, auch nach der Wahl weiter zu demonstrieren und für eine radikalere Änderung der Machtverhältnisse zu kämpfen. Aber dieses Engagement gegen Wahlen auszuspielen, ist politisch kurzsichtig und dumm.

Reformbündnis Rot-Grün-Rot

Wer also die politischen Aussagen der derzeitigen Oppositionsparteien zunächst ernst und dann beim Wort nimmt, wird zwar nichts Revolutionäres finden, sehr wohl aber die Umrisse von

Reformen, wie sie das Land als Einstieg in eine andere Politik dringend bräuchte. Zu diesen Reformen bekannt hat sich auch Peer Steinbrück. Wie konsequent er als Kanzler daran festhalten würde, weiß niemand. Aber Angela Merkel würde sie mit Sicherheit hintertreiben. Hier die wichtigsten Gemeinsamkeiten zwischen SPD, Grünen und Linkspartei zu einigen der in diesem Buch behandelten Themen:

Zur Überwindung der Euro- und Bankenkrise sprechen sich alle drei Parteien dafür aus, dass die europäischen Partner gemeinsam für Staatsschulden haften – also für die notwendige, aber von Angela Merkel verteufelte »Vergemeinschaftung« der Schulden.[7]

Alle drei Parteien setzen sich für eine schärfere europäische und weltweite Bankenregulierung ein und fordern die Trennung von Kunden- und Spekulationsgeschäften bei den Banken.[8]

Zur Finanzierung der Eurorettung und anderer Staatsaufgaben fordern alle drei Parteien die Wiedereinführung der Vermögensteuer beziehungsweise eine Vermögensabgabe sowie die Erhöhung des Spitzensteuersatzes.[9]

Alle drei Parteien sind für die Einführung eines flächendeckenden gesetzlichen Mindestlohns.[10]

In den Sozialversicherungen streben alle drei Parteien den Umstieg auf das System der Bürger- oder Erwerbstätigenversicherung an.[11]

Alle drei Parteien fordern eine Verschärfung der Richtlinien für den Waffenexport.[12]

Es wäre unredlich zu behaupten, dass es zwischen den bisherigen Oppositionsparteien keine gravierenden Differenzen gebe. Das trifft auf einige der hier nicht erwähnten Themen zu, zum Beispiel die Ablehnung des von Rot-Grün befürworteten Afghanistan-Einsatzes durch die Linkspartei. Es trifft auch innerhalb der hier beispielhaft genannten Bereiche zu, etwa bei der Höhe des Mindestlohns oder der Radikalität von Eingriffen in den Bankensektor. Das ändert aber nichts daran, dass diese drei Parteien in den wichtigsten wirtschafts- und sozialpolitischen Fragen für einen Richtungswechsel stehen. Dass sie sich dazu bekennen, die Merkel'sche Politik des rhetorisch kaschierten Neoliberalismus zu beenden.

Wer sich bei aller berechtigten Skepsis nicht einfach dem Glauben hingibt, dass nach der Wahl sowieso alles weitergeht wie bisher, der vergisst: Ganz sicher bleibt alles beim Alten, wenn der kritische und reformbereite Teil der Wählerschaft resigniert zu Hause bleibt.

Zugegeben: Die Reformmehrheit kommt wahrscheinlich ohne Linkspartei nicht zustande. Geschieht dann aber nicht das Gleiche wie 2005, als es für Rot-Grün allein nicht reichte[13] und sich die SPD an die Seite von Angela Merkel flüchtete, weil sie keinesfalls mit der Linken koalieren wollte?

Die Wahrscheinlichkeit, dass es wieder so kommen könnte, ist in der Tat groß. Sie ist es deshalb, weil Rot-Grün mit Steinbrück an der Spitze das rot-grün-rote Bündnis so frühzeitig ausgeschlossen hat. Sie haben das wahrscheinlich mit dem Ziel getan, den Anti-Merkel-Wählern zu signalisieren, dass es zu einem Wechsel nur kommt, wenn sich diese Stimmen auf SPD und Grüne konzentrieren und die Linkspartei aus dem Bundestag fliegt. Aber dass dieses Kalkül aufgeht, ist erst recht unrealistisch: Zu vielen Wählern im Bund, vor allem in den östlichen Bundesländern, ist die von Rot-Grün initiierte Agenda 2010 noch in schlechter Erinnerung. Zu viele dürften diesen Parteien bis heute verübeln, dass sie die Bundeswehr in ihre ersten Kampfeinsätze schickten.

Ein neuer Weg zur neuen Regierung

Wenn es also rechnerisch nur mit der Linkspartei reicht, steht eines fest: Auf der Grundlage der zum Jahreswechsel 2012/2013 vorgegebenen Linie des Kandidaten Steinbrück geht gar nichts: Er wird, und das kann man ihm glauben, nicht mit der Linkspartei regieren. Und doch soll hier versucht werden, eine alternative Möglichkeit der Mehrheitsbildung aufzuzeigen, die die Einleitung einiger wichtiger Reformen ermöglichen würde, von Schritten zu einem solidarischen Europa über einen gerechten Umbau der Sozialsysteme bis hin zu einer stärker als bisher friedensorientierten Außenpolitik.

Es gibt im deutschen Grundgesetz keinen Artikel, der vorschreiben würde, was wir seit Jahrzehnten gewohnt sind: Nach einer Wahl setzen sich zwei oder drei Parteien zusammen und formulieren nach langem Hin und Her einen Koalitionsvertrag, in dem am besten alles geregelt ist – von der Beseitigung des »Lkw-Stellplatzdefizits«[14] bis hin zum »Managementplan für Kormorane«[15]. Nicht, dass all das unwichtig wäre. Die Frage ist eher, ob Politik sich auf alles und jedes festlegen muss, wenn nicht einmal zentrale Vorhaben wie – glücklicherweise! – die Laufzeitverlängerung für Atomkraftwerke die Legislaturperiode überstehen.

Im Grundgesetz (Artikel 63, Absatz 1) steht vielmehr Folgendes: »Der Bundeskanzler wird auf Vorschlag des Bundespräsidenten vom Bundestage ohne Aussprache gewählt.« Erreicht der Kandidat oder die Kandidatin nicht die absolute Mehrheit, dann gibt es einen zweiten Durchgang ohne Vorschlag des Bundespräsidenten, und wenn auch der keinen Kanzler erbringt, genügt sogar die einfache Mehrheit.[16]

Die gegenwärtige Praxis besteht darin, sich für vier Jahre festzulegen auf eine bestimmte Koalition, deren Abgeordnete dann möglichst alle Beschlüsse dieser Regierung abzunicken haben. Es gibt allerdings keinen zwingenden Grund, sie beizubehalten – es sei denn, man hielte die stetigen Warnungen unserer Politiker vor »instabilen« Verhältnissen für stichhaltig und die in anderen Ländern wie Dänemark oder Australien geübte Praxis, Mehrheiten im Parlament je nach dem Inhalt eines Gesetzentwurfs zu suchen, für einen Fluch. Oder das erfolgreiche Experiment der SPD-Politikerin Hannelore Kraft, die von 2010 bis 2012 mit Rot-Grün ohne absolute Parlamentsmehrheit regierte. Und zwar so erfolgreich, dass ihre Koalition bei der Neuwahl 2012 diese Mehrheit gewann.

In der Regel nutzt das starre deutsche System vor allem den jeweils regierenden Parteien, nicht aber unbedingt den Bedürfnissen des Landes. Deshalb hier der Appell, die Praxis zu ändern – und das parlamentarische System auch für die Wähler, die es tragen sollen, wieder attraktiver zu machen als mit dem üblichen Taktieren und »Durchregieren« der jeweiligen Koalition.

Wenn es also für eine rot-grüne Mehrheit nicht reicht, sollte ein Kandidat der SPD – ob er nun Steinbrück heißt oder nicht – im Parlament gegen Angela Merkel zur Kanzlerwahl antreten. Diese Wahl sollte vielleicht nach Gesprächen unter den Parteien stattfinden, aber ohne vorherige Vereinbarung einer Koalition. Der Wahlakt wäre, endlich einmal, wirklich offen und nicht nur Akklamationszeremonie einer vorher vertraglich festgelegten Koalition für ihre Kanzlerin oder ihren Kanzler. Im Ergebnis der Wahl würde sich die reale Mehrheit abbilden, über die der siegreiche Kandidat für seine wichtigsten Aussagen und Projekte verfügt. Die Mehrheiten für die konkreten Gesetze und Beschlüsse müsste er sich dann im Einzelfall suchen, und zwar in offenen Verhandlungen mit den dafür in Frage kommenden Parteien.

Natürlich wäre es dann auch damit vorbei, dass Koalitionsmehrheiten im Parlament einfach entlang der Parteizugehörigkeit über komplexe Gesetze abstimmen, die sie nicht einmal verstehen – wie bei der »Eurorettung« mehrfach geschehen. Aber gerade darin, diese Routine aufzubrechen, bestünde der Aufbruch: hin zu einem Parlament, das seinem Anspruch wieder gerecht wird, zentraler Ort demokratischer Aushandlungsprozesse zu sein. Dass das geht, wenn es nötig ist, hat übrigens die Regierung Merkel selbst bewiesen, wenn auch ungewollt: Als sie die Stimmen aus der Opposition wirklich benötigte, war auch Zeit zu verhandeln – etwa beim europäischen Fiskalpakt.[17]

Wagte die bisherige Opposition, wagte vor allem die SPD das Experiment der Kanzlerwahl ohne feste Koalition, dann könnte sich zeigen, für welchen Politikentwurf die demokratisch gewählte Mehrheit der Volksvertretung im Grundsatz steht. Und angesichts der inhaltlichen Übereinstimmungen zwischen den Parteien der bisherigen Opposition gäbe es eine begründete Hoffnung, dass Angela Merkel abgewählt wird. Mit anderen Worten: dass sie die Blamage erfährt, die sie verdient.

Anmerkungen

Merkels Märchen

1 Merkel beharrte zumindest zur Jahreswende 2012/2013 noch auf einem System von Lohnuntergrenzen, die sich an Tarifverträgen orientieren sollten – auch gegen Befürworter des gesetzlichen Mindestlohns in der eigenen Partei. Diese Lohnuntergrenzen könnten in der Praxis häufig zu geringeren Mindestlöhnen führen als eine branchenübergreifende gesetzliche Regelung.
2 »Deutschland fair ändern«, Beschluss des 17. CDU-Bundesparteitags in Leipzig, 1./2.12.2003, http://www.grundsatzprogramm.cdu.de/doc/deutschlandfairaendern.pdf, abgerufen am 19.12.2012, Seite 2
3 Rede von Angela Merkel auf dem Leipziger Parteitag am 1.12.2003, dokumentiert u.a. auf *Zeit online*, http://www.zeit.de/reden/deutsche_innenpolitik/200349_merkelcduparteitag, abgerufen am 19.12.2012
4 »Deutschland fair ändern«, a.a.O., Seite 20ff.
5 Ein modernes Einkommensteuerrecht für Deutschland. Beschluss des 17. CDU-Bundesparteitags in Leipzig, http://www.grundsatzprogramm.cdu.de/doc/120203-beschluss-pt-merz.pdf, abgerufen am 19.12.2012
6 »Deutschland fair ändern«, a.a.O., Seite 10
7 Rede von Angela Merkel auf dem Leipziger Parteitag, a.a.O.
8 Rede von Angela Merkel auf dem 20. Parteitag der CDU in Dresden am 27.11.2006, http://www.dresden2006.cdu.de/download/061127_parteitag_rede_merkel.pdf, abgerufen am 20.12.2012
9 Ebd.
10 Gertrud Höhler: *Die Patin*. Zürich, Orell Füssli, 2012
11 A.a.O. Seite 64
12 A.a.O., Seite 140
13 Siehe hierzu auch Stephan Hebel: »Knapp vorbei ist auch daneben«, Rezension in *Frankfurter Rundschau online*, 29.8.2012, http://www.fr-online.de/literatur/hoehler-buch-knapp-vorbei-ist-auch-daneben,1472266,16990418.html, abgerufen am 21.12.2012
14 Jacqueline Boysen: *Angela Merkel. Eine deutsch-deutsche Biographie*, München, Ullstein Verlag, 2001, Seite 228f.
15 A.a.O., Seite 228
16 A.a.O., Seite 192

17 Cora Stephan: *Angela Merkel. Ein Irrtum*, Knaus Verlag, München, 2011, Seite 10
18 A.a.O., Seite 18
19 A.a.O., Seite 12
20 »Rettung ohne Grenzen«, *Die Zeit*, 13.9.2012
21 Matthias Geis und Bernd Ulrich: »Bube. Dame. Macht«, *Die Zeit*, 24.5.2012
22 Rede auf dem 20. Parteitag in Dresden, a.a.O.
23 Mehr zu diesem und den anderen erwähnten Themen in den folgenden Kapiteln
24 Im Dezember 2012 berichtete der *Spiegel* über erste Pläne des Bundesfinanzministeriums für die Zeit nach der Bundestagswahl, darunter eine weitere Erhöhung des Renteneintrittsalters, höhere Rentenabschläge bei Vorruhestand und Abschaffung des ermäßigten Mehrwertsteuersatzes unter anderem auf Lebensmittel. Siehe dazu »Schäuble plant umfangreiches Sparprogramm«, *Spiegel online*, 21.12.2012, http://www.spiegel.de/politik/deutschland/schaeuble-plant-umfangreiches-sparprogramm-nach-der-bundestagswahl-a-874178.html, abgerufen am 23.12.2012
25 »Wir haben Deutschland stärker aus der Krise geführt, als Deutschland in diese Krise hineingegangen ist.« Rede beim 25. Parteitag der CDU in Hannover am 4.12.2012, http://www.hannover2012.cdu.de/sites/default/files/media/BerichtPV.pdf, abgerufen am 15.1.2013
26 Rede auf dem 25. Parteitag der CDU, a.a.O.
27 Ebd.
28 Ebd.
29 Ebd.
30 Eine gute Übersicht bietet auch hier Jacqueline Boysen, a.a.O., S. 205ff.

Mit falscher Münze: Merkel und der Euro

1 Deutscher Bundestag, Protokoll der Sitzung vom 21.11.2012, http://dip21.bundestag.de/dip21/btp/17/17207.pdf, abgerufen am 27.11.2012
2 So fielen im August 2012 die Aufträge für die deutschen Exportfirmen »so stark wie seit April 2009 nicht mehr«. Besonders stark gingen Bestellungen aus Südeuropa zurück, ergab eine Umfrage unter 500 Unternehmen. Siehe: »Südeuropa bestellt weniger«, *Frankfurter Rundschau*, 4.9.2012
3 Schon im Herbst 2012 senkte der Internationale Währungsfonds (IWF) seine Prognose für 2013 von 1,4 auf 0,9 Prozent. Siehe: »Eurozone in der Rezession«, *Frankfurter Allgemeine Zeitung*, 6.10.2012. Selbst optimistischere Prognosen verweisen auf die einseitige Abhängigkeit deutscher Wachstumschancen von der Lage der wichtigsten Exportmärkte. Siehe zum Beispiel »Deutsche Wirtschaft soll nach Winterschlaf wieder zulegen«, *Frankfurter Rundschau online*, 17.12.2012, http://www.fr-online.de/wirtschaft/deutsche-wirtschaft-soll-nach-winterschlaf-wieder-zulegen,1472780,21131340.html, abgerufen am 27.12.2012

4 »Haftung und Kontrolle müssen unmittelbar miteinander verknüpft sein.« Rede beim Industrietag des Bundesverbands der Deutschen Industrie am 25.9.2012, http://www.bundeskanzlerin.de/Content/DE/Rede/2012/09/2012-09-25-bkin-bdi.html, abgerufen am 15.1.2013
5 Der offizielle Name lautete »Europäische Gemeinschaft für Kohle und Stahl« (EGKS). Sie bestand aus der Bundesrepublik, Frankreich, Italien und den Beneluxländern (Belgien, Niederlande, Luxemburg).
6 Wikipedia-Artikel »Europäische Gemeinschaft für Kohle und Stahl«, http://de.wikipedia.org/wiki/Europ%C3%A4ische_Gemeinschaft_f%C3%BCr_Kohle_und_Stahl, abgerufen am 22.11.2012
7 Ohne an dieser Stelle näher darauf eingehen zu können, sei allerdings zumindest erwähnt, dass diese Segnungen des gemäßigten Kapitalismus keineswegs universell zur Geltung kamen. Vor allem nicht für diejenigen Völker in den rohstoffreichen Ländern der »Dritten Welt«, auf deren Ausbeutung der ökonomische Erfolg »des Westens« zum großen Teil beruht.
8 Siehe zum Beispiel Angela Merkel: »Chancen erkennen – Deutschland braucht eine neue soziale Marktwirtschaft«, European Business Network, ohne Datum, http://ebn24.com/index.php?id=32685, abgerufen am 25.11.2012: »Deutschland ist ein starkes Land mit einem enormen Zukunftspotenzial. Angesichts der vielen leistungsfähigen Menschen und der großen Reputation Deutschlands in Europa und der Welt (…) haben wir deshalb auch weiterhin eine gute Ausgangsbasis. (…) Es war die soziale Marktwirtschaft Ludwig Erhards, die den Ordnungsrahmen schuf, in dem sich der Fleiß, die Leistungsbereitschaft und der Aufbruchswille vieler Deutscher zu dem Erfolg des Wiederaufbaus bündeln konnten.«
9 Siehe zum Beispiel Thilo Sarrazin: »Geburtsfehler Maastricht«, *Frankfurter Allgemeine Zeitung* vom 17.7.2012
10 So raunt es zum Beispiel durch den traditionell neoliberalen Wirtschaftsteil der *Süddeutschen Zeitung*: »[Viele Deutsche] spüren, dass auch die Notenpresse Kosten verursachen kann.« Anlass ist in diesem Fall der Beschluss der Europäischen Zentralbank zum Ankauf von Staatsanleihen. Andreas Rexer und Markus Zydra: »Im Rausch der Noten«, *Süddeutsche Zeitung* vom 7.9.2012
11 »Inflation ist kein Problem«, Interview mit Joseph Stiglitz, *Sonntag Aktuell* vom 21.10.2012
12 »Inflation ist nicht wie Schweinegrippe«, Interview mit Peter Bofinger, *die tageszeitung (taz)* vom 26.9.2012
13 Robert von Heusinger: »Was Euroland aus den Dollar-Krisen lernen kann«, *Frankfurter Rundschau* vom 11.9.2012
14 Zitiert nach Elmar Altvater: »Das falsche Modell«, *Le Monde diplomatique*, deutsche Ausgabe, 14.9.2012
15 Ähnliches ließe sich auch am Beispiel eines spanischen Wohnungskäufers durchspielen, den die zinshungrigen Banken jahrelang mit Kreditangeboten überhäuften, ohne sich um Sicherheiten ernsthaft zu scheren. Es gab ja die berühmten Kreditausfallversicherungen (englisch: Credit Default Swaps, CDS), mit denen die Finanzindustrie ihrerseits wieder so lange spekulierte, bis alle Sicherungen durchgebrannt waren. Hier lag bekanntlich die Ursache der im Herbst 2008 ausgebrochenen Krise.

16 Siehe zum Beispiel Markus Frühauf: »Deutsche Banken bangen mit Griechenland«, *Frankfurter Allgemeine Zeitung online*, 6.6.2011, http://www.faz.net/aktuell/finanzen/anleihen-zinsen/euro-krise-deutsche-banken-bangen-mit-griechenland-15410.html, abgerufen am 22.11.2012
17 Angela Merkel, ARD, »Bericht aus Berlin«, 28.2.2010
18 Deutscher Bundestag, a.a.O., Seite 25233
19 Der *Spiegel* lieferte im September 2012 eine einleuchtende, weil für Merkel typische Erklärung dieses Tonart-Wechsels: Das Risiko, Griechenland aus dem Euro zu ekeln, sei der Kanzlerin nun doch zu groß geworden, denn: »Träte Griechenland aus dem Euro aus, müsste man am Ende womöglich Problemstaaten wie Italien oder Spanien durch eine gemeinsame Schuldenunion stabilisieren, befürchten ihre Berater. Es wäre eine paradoxe Situation: Deutschland würde gegenüber Griechenland Härte zeigen, müsste anschließend aber womöglich die so verhassten Eurobonds akzeptieren.« (»Das blutende Herz«, *Der Spiegel* vom 10.9.2012, S. 22f.) So erweist sich auch hier die »Rettung« Griechenlands als Rettung Deutschlands vor gemeinsamer europäischer Verantwortung.
20 George Soros: »Die Tragödie der Europäischen Union«, *Spiegel online*, 9.9.2012, http://www.spiegel.de/wirtschaft/george-soros-deutschland-muss-fuehren-oder-aus-dem-euro-austreten-a-854595.html, abgerufen am 19.9.2012
21 Ebd.
22 Siehe Seite 109 ff.
23 Von Heusinger, a.a.O.
24 Ebd.
25 »Die Krise sagt: Bewegt euch!« Interview mit Ursula von der Leyen, *Der Spiegel* Nr. 28/2012 vom 9.7.2012
26 Ebd.
27 Elmar Altvater, a.a.O.
28 Heusinger, a.a.O.
29 Ebd.
30 Heiner Ganßmann: »Merkelantismus«, *Le Monde diplomatique*, deutsche Ausgabe, 14.9.2012
31 Ebd.
32 Ebd.
33 Ebd.
34 Ebd.
35 Presseerklärung des globalisierungskritischen Netzwerks Attac vom 29.11.2012, http://www.attac.de/aktuell/presse/detailansicht/datum/2012/11/29/verzoegerungstaktik-der-bundesregierung-verschaerft-krise-in-griechenland-1/?cHash=6353a054ef8763c4ea6272df8b3404af, abgerufen am 2.12.2012
36 Siehe zum Beispiel Thomas Bormann: »200 Milliarden Euro auf der hohen Kante«, tagesschau.de, 25.2.2012, http://www.tagesschau.de/wirtschaft/griechenland2080.html, abgerufen am 26.11.2012. Gelänge es, von den geschätzten 200 Milliarden Euro Auslandsguthaben auch nur zehn Prozent abzuschöpfen, wäre das griechische Haushaltsdefizit für 2012 so gut wie ausgeglichen. Zum Defizit siehe zum Beispiel: »Die Lücke im griechischen Staatshaushalt ist nach vorläufigen

Erkenntnissen der Troika noch größer als bislang bekannt«, *Der Spiegel* vom 23.9.2012, http://www.spiegel.de/spiegel/vorab/griechenland-staatshaushalt-hat-groessere-luecke-als-bekannt-a-857374.html, abgerufen am 26.11.2012

37 Siehe zum Beispiel Steffen Uttich: »Griechen sondieren Investments«, *Frankfurter Allgemeine Zeitung online*, 1.12.2011, http://www.faz.net/aktuell/wirtschaft/immobilien/immobilien-griechen-sondieren-investments-11539792.html, abgerufen am 29.11.2012

38 »Trotz energischer Sparprogramme ist es keinem der Problemländer in diesem Jahr gelungen, einen weiteren Anstieg seiner Schuldenstandsquote zu vermeiden«, bemerkte der deutsche Sachverständigenrat zur Begutachtung der Wirtschaftslage im Herbst 2012. Zitiert nach Stephan Kaufmann: »Mit der Brechstange«, *Frankfurter Rundschau* vom 12.11.2012

39 Beide Oppositionsparteien verzichteten für diese bescheidene Gegenleistung auf ihre viel grundlegendere und wichtige Forderung, dass sich die Bundesregierung für einen gemeinsamen europäischen »Schuldentilgungsfonds« einsetzen müsse. Dieser Fonds hätte den längst überfälligen Einstieg in eine gemeinsame europäische Verantwortung für die Schulden der Krisenstaaten bedeutet und wurde genau deshalb von Merkel abgelehnt. Rot-Grün stimmte dem Knebelvertrag namens »Fiskalpakt« dennoch zu.

40 Die Grünen-Politikerin Katrin Göring-Eckardt gab Ende 2012 einen Hinweis auf die Dimension politisch verursachter europäischer Einnahmeprobleme: »Steuerdumping und illegale Steuerflucht kosten – das hat die EU-Kommission festgestellt – jedes Jahr 1000 Milliarden Euro.« Protokoll der Bundestagssitzung vom 13.12.2012, http://dipbt.bundestag.de/dip21/btp/17/17214.pdf#P.26194, abgerufen am 14.12.2012, Seite 26210

41 Siehe Seite 61 f.

42 »Keine Euro-Bonds, solange ich lebe«, *Spiegel online*, 26.6.2012, http://www.spiegel.de/politik/ausland/kanzlerin-merkel-schliesst-eurobonds-aus-a-841115.html, abgerufen am 17.11.2012

43 Herman van Rompuy: »Auf dem Weg zu einer echten Wirtschafts- und Währungsunion«, 26.06.2012, http://www.consilium.europa.eu/uedocs/cms_data/docs/pressdata/de/ec/131294.pdf, abgerufen am 15.1.2013

44 Zitiert nach: »Vorschläge der Vierergruppe sind ökonomisch falsch«, *Frankfurter Allgemeine Zeitung online*, 28.6.2012, http://www.faz.net/aktuell/politik/ausland/merkels-regierungserklaerung-vorschlaege-der-vierergruppe-sind-oekonomisch-falsch-11800914.html, abgerufen am 17.11.2012

45 Siehe zum Beispiel Grit Beecken: »Draghi macht Ernst«, *Frankfurter Rundschau online*, 7.9.2012, http://www.fr-online.de/schuldenkrise/eurokrise-draghi-macht-ernst,1471908,17190124.html, abgerufen am 17.11.2012

46 »Oppermann wirft Merkel ›Taschenspielertricks‹ mit der EZB vor«, *Tagesspiegel online*, 8.9.2012, http://www.tagesspiegel.de/politik/heimliche-vergemeinschaftung-der-schulden-oppermann-wirft-merkel-taschenspielertricks-mit-der-ezb-vor/7110798.html, abgerufen am 17.11.2012

47 Merkel: »Politiker sollen ihre Hausaufgaben machen«, *Euronews*, 6.9.2012, http://de.euronews.com/2012/09/06/merkel-politiker-sollen-ihre-hausaufgaben-machen/, abgerufen am 24.11.2012
48 »Die anderen sind zu lasch, und das muss sich ändern«, Interview mit Alexander Stubb, *Süddeutsche Zeitung* vom 8.9.2012
49 Gregor Gysi hat diesen Profit einmal zu beziffern versucht: »Im Süden Europas müssen Strafzinsen von 6 bis 7 Prozent gezahlt werden und in Deutschland von 0 Prozent. Das bedeutet, dass aus diesem Prozess in den letzten drei Jahren Deutschland einen zusätzlichen Gewinn von 60 Milliarden Euro gemacht hat.« Protokoll der Bundestagssitzung vom 13.12.2012, a.a.O., Seite 26204
50 Oliver Klasen: »So funktioniert das Hilfspaket«, *Süddeutsche Zeitung online*, 30.11.2012, http://www.sueddeutsche.de/wirtschaft/bundestags-abstimmung-zu-griechenland-so-funktioniert-das-hilfspaket-1.1537816, abgerufen am 1.12.2012
51 »In Summe verzichtet der Bund bis 2032 (...) auf 5,34 Milliarden Euro. Streng genommen verliert der Bund diese Summen aber nicht. Er verdient künftig nur weniger an der Griechenland-Rettung. Denn: Ohne die hellenische Misere hätte die EZB keine griechischen Staatsanleihen gekauft und könnte damit auch keine Gewinne machen. Und die gesunkene Zinsmarge bedeutet lediglich, dass Deutschland weniger an den Krediten verdient – nicht aber, dass der Bund draufzahlt.« Grit Beecken: »Schäuble präsentiert die Rechnung«, *Frankfurter Rundschau online*, 28.11.2012, http://www.fr-online.de/politik/griechenland-schaeuble-praesentiert-die-rechnung,1472596,20990156.html, abgerufen am 1.12.2012
52 RTL online, 30.11.2012, http://www.rtl.de/cms/news/rtl-aktuell/griechenland-hilfen-erstmals-deutsches-steuergeld-fuer-athen-291e0-51ca-71-1345345.html, abgerufen am 1.12.2012
53 Siehe »Hedgefonds verdient halbe Milliarde mit Griechenland«, *Spiegel online*, 19.12.2012, http://www.spiegel.de/wirtschaft/unternehmen/hedgefonds-verdient-halbe-milliarde-mit-griechischem-schuldenrueckkauf-a-873758.html, abgerufen am 27.12.2012
54 Siehe Seite 51 f.
55 Thomas Mayer: »Can American History Save the Euro?«, *The Globalist*, 10.10.2012, http://www.theglobalist.com/storyid.aspx?storyid=9774, abgerufen am 15.1.2013, Übersetzung von Stephan Hebel
56 Ebd.
57 Stefan Kaiser: »Europas Bürger müssen für Griechenland zahlen«, *Spiegel online*, 26.11.2012, http://www.spiegel.de/wirtschaft/soziales/griechenland-ein-schuldenschnitt-wuerde-die-steuerzahler-treffen-a-869400.html, abgerufen am 1.12.2012
58 Oliver Klasen, *Süddeutsche Zeitung*, a.a.O.
59 Markus Sievers: »Jetzt auch noch ein Sperrkonto«, *Frankfurter Rundschau* vom 18.10.2012
60 Altvater, a.a.O.
61 Jürgen Habermas: »Politik und Erpressung«, Rede bei der Entgegennahme des Georg-August-Zinn-Preises der hessischen SPD. In: *Die Zeit*, 6.9.2012
62 Siehe Seite 51
63 Habermas, a.a.O.
64 Ebd.

Merkel, die märkische Marktfrau

1 Angela Merkel verbrachte ihre Kindheit und Jugend in Brandenburg, ihr Abitur machte sie in Templin.
2 Die ausführliche Version dieser Aussage findet sich in der Niederschrift der Bundesregierung von einer Pressekonferenz der Kanzlerin am 1.9.2011: »Wir leben ja in einer Demokratie und sind auch froh darüber. Das ist eine parlamentarische Demokratie. Deshalb ist das Budgetrecht ein Kernrecht des Parlaments. Insofern werden wir Wege finden, die parlamentarische Mitbestimmung so zu gestalten, dass sie trotzdem auch marktkonform ist, also dass sich auf den Märkten die entsprechenden Signale ergeben.« http://www.bundesregierung.de/Content/DE/Mitschrift/Pressekonferenzen/2011/09/2011-09-01-merkel-coelho.html, abgerufen am 6.12.2012
3 Siehe http://www.unwortdesjahres.net/index.php?id=4, abgerufen am 6.12.2012. Der Vollständigkeit halber sei angemerkt, dass der Autor dieses Buches an der Unwort-Auswahl als Mitglied der Jury beteiligt war.
4 »Ich habe von meiner Seite aus noch einmal deutlich gemacht, dass wir mehr Europa brauchen, eine Vertiefung unserer Zusammenarbeit, weil die Märkte erwarten, dass wir zusammenrücken.« Pressestatement der Bundeskanzlerin zum G-20-Gipfel in Los Cabos (Mexiko), 19.6.2012, http://www.bundeskanzlerin.de/Content/DE/Mitschrift/Pressekonferenzen/2012/06/2012-06-19-merkel-g20.html, abgerufen am 6.12.2012
5 Interview im *Spiegel*, a.a.O.
6 So zum Beispiel die brutalen Sparmaßnahmen in Griechenland. Siehe »Merkel hält Griechenland hin«, *Spiegel online*, 3.3.2010, http://www.spiegel.de/politik/ausland/drohende-staatspleite-merkel-haelt-griechenland-hin-a-681542.html, abgerufen am 12.12.2012
7 Siehe http://www.unwortdesjahres.net/index.php?id=35, abgerufen am 12.12.2012
8 »Wachstum. Bildung. Zusammenhalt. Koalitionsvertrag zwischen CDU, CSU und FDP« – 17. Legislaturperiode, Seite 52. http://www.cdu.de/doc/pdfc/091026-koalitionsvertrag-cducsu-fdp.pdf, abgerufen am 16.11.2012
9 Ebd.
10 Der Vorgang hatte eine gewisse Tradition: Im Jahre 1999 verlor Hans Eichel das Amt des hessischen Ministerpräsidenten an Roland Koch (CDU). Fünf Tage nach seiner Ablösung in Hessen, am 12.4.1999, wurde er Nachfolger des zurückgetretenen Oskar Lafontaine als Bundesfinanzminister der rot-grünen Bundesregierung.
11 »Gemeinsam für Deutschland – mit Mut und Menschlichkeit. Koalitionsvertrag zwischen CDU, CSU und SPD« vom 11.11.2005, http://www.cdu.de/doc/pdf/05_11_11_Koalitionsvertrag.pdf, abgerufen am 16.12.2012, Seite 16
12 Ebd.
13 A.a.O., Seite 73
14 Ebd.

15 Mehr zu Peer Steinbrück und der Glaubwürdigkeit seiner heutigen Positionen siehe Seiten 130 ff.
16 Die Zeitschrift *Le Monde diplomatique* zitierte am 30.10.2011 den französischen EU-Binnenmarktkommissar Michel Barnier mit folgenden Worten aus dem Jahr 2010: »Als ich mich vor einigen Monaten auf meine Funktion als EU-Kommissar vorbereitete, habe ich intensiv mit meinen Fachabteilungen gearbeitet. Der Generaldirektor sagte damals zu mir: ›Die Mifid muss überarbeitet werden.‹ Ich muss zugeben, dass ich damit damals nicht viel anfangen konnte.« Barnier war schon 1993 Europa-Staatssekretär in Frankreich, später auch Außenminister und nun der zuständige Kommissar, aber vom bisher größten Coup der Finanzmarkt-Deregulierer wusste auch er offensichtlich lange nichts. (Paul Lagneau-Ymonet und Angelo Riva: »Jenseits der Börse – Wie sich die großen Finanzinstitute in Brüssel am Vorabend der Finanzkrise maßgeschneiderte neue Regeln schufen und den kontrollierten Börsenhandel abschafften«. *Le Monde diplomatique*, deutsche Ausgabe, 30.10.2011)
17 Ebd.
18 Legalisiert wurden durch Mifid etwa sogenannte »Multilateral Trading Facilities« (MTF), die ebenso wie die Börsen als Plattformen für den Wertpapierhandel dienen. Für sie gibt es zwar ebenfalls Regeln, aber: »Insgesamt unterliegen die Plattformen geringeren Anforderungen, etwa in Bezug auf die Zulassung von Finanzinstrumenten oder auf die Folgepflichten des Emittenten. Bedeutende MTF sind Bats/Chi-X Europe, Turquoise, Liquidnet oder Chi-X Global, jeweils in Besitz von Banken oder traditionellen Börsen.« Siehe Adrian Blum: »Mifid nimmt Dark Polls ins Visier«, *Finanz und Wirtschaft*, 2.3.2011, zitiert unter http://efinance.wiwi.uni-frankfurt.de/fileadmin/ordner_name/Pressespiegel/fw_030_0203__2_.pdf, abgerufen am 16.1.2013
19 »Wir setzen alles daran, dass Hedgefonds und Schattenbanken insgesamt (…) besser reguliert werden. Es nützt natürlich auch nichts, wenn hier nur Europa handelt. Vielmehr ist das dicke Brett zu bohren und das zu tun, was wir uns einmal vorgenommen haben.« Rede auf dem 25. Parteitag der CDU in Hannover am 4.12.2012, a.a.O.
20 Matthias Krupa und Mark Schieritz: »Neue deutsche Behäbigkeit«, *Die Zeit*, 4.10.2012
21 Anhörung vor einem Untersuchungsausschuss der französischen Nationalversammlung am 8.9.2010, zitiert nach Ymonet/Riva, a.a.O.
22 http://de.wikipedia.org/wiki/H%C3%B6chstrechnungszins, abgerufen am 16.11.2012.
23 Thomas Magenheim: »Schlag ins Gesicht der Lebensversicherungen«, *Frankfurter Rundschau online*, 5.12.2012, http://www.fr-online.de/wirtschaft/zinsen-schlag-ins-gesicht-der-lebensversicherungen,1472780,21044466.html, abgerufen am 7.12.2012
24 Deutscher Bundestag, a.a.O., Seite 25235
25 A.a.O., Seite 25234f.
26 Yasmin El-Sharif: »Planlos, hilflos, kontraproduktiv«, *Spiegel online*, 12.8.2011, http://www.spiegel.de/wirtschaft/unternehmen/verbot-von-leerverkaeufen-planlos-hilflos-kontraproduktiv-a-779857.html, abgerufen am 9.12.2012

27 Ebd.
28 Deutscher Bundestag: Protokoll der Sitzung vom 27.9.2012, Seite 23482
29 Jannis Brühl: »Wie Europa sich vor Spekulanten retten will«, *Süddeutsche Zeitung online*, 1.11.2012, http://www.sueddeutsche.de/wirtschaft/verbot-ungedeckter-leerverkaeufe-nackt-war-gestern-1.1511818, abgerufen am 9.12.2012
30 »Kaum Änderungswünsche zum EU-Leerverkaufsverbot«, Deutscher Bundestag, Textarchiv, http://www.bundestag.de/dokumente/textarchiv/2012/39294242_kw24_pa_finanzen/index.html, abgerufen am 9.12.2012
31 Bundestag, Protokoll vom 27.9.2012, a.a.O., Seite 23478
32 A.a.O., Seite 23482
33 A.a.O., Seite 23482
34 A.a.O., Seite 23487
35 Jannis Brühl, a.a.O.
36 Ymonet/Riva, a.a.O.
37 Ebd. Der bisher bekannteste Beleg für dieses Risiko ist der sogenannte »Flash Crash« an der New Yorker Börse im Mai 2010, als die digitalen Handelssysteme massive Kursverluste herbeiführten, die den Dow-Jones-Index um zehn Prozent abstürzen ließen. Siehe zum Beispiel »Der unregulierte Wertpapierhandel gehört verboten«, *Wirtschaftswoche online*, 16.1.2013, http://www.wiwo.de/finanzen/boerse/hochfrequenzhandel-der-unregulierte-wertpapierhandel-gehoert-verboten/7639804.html, abgerufen am 16.1.2013
38 Erklärung des Bundesministeriums der Finanzen vom 26.9.2012, http://www.bundesfinanzministerium.de/Content/DE/Pressemitteilungen/Finanzpolitik/2012/09/2012-09-26-PM56.html, abgerufen am 10.12.2012
39 Malte Kreutzfeldt: »Turbo-Börsenhandel gebremst«, *Die Tageszeitung online*, 25.9.2012, http://www.taz.de/Gesetzentwurf-des-Finanzministeriums/!102342/, abgerufen am 6.11.2012
40 Benjamin Hammer: »Sekundenschnellen Börsenhandel besser kontrollieren«, Deutschlandfunk online, 30.11.2012, http://www.dradio.de/dlf/sendungen/wirtschaftundgesellschaft/1937088/, abgerufen am 10.12.2012
41 Kreutzfeldt, a.a.O.
42 »Entwurf eines Gesetzes zur Restrukturierung und geordneten Abwicklung von Kreditinstituten, zur Errichtung eines Restrukturierungsfonds für Kreditinstitute und zur Verlängerung der Verjährungsfrist der aktienrechtlichen Organhaftung« (Restrukturierungsgesetz) vom 27.9.2010, http://dip21.bundestag.de/dip21/btd/17/030/1703024.pdf, abgerufen am 14.12.2012
43 Protokoll der Bundestagssitzung vom 28.10.2010, http://dipbt.bundestag.de/dip21/btp/17/17068.pdf#P.7278, abgerufen am 14.12.2012, Seite 7283
44 A.a.O., Seite 7282
45 Ebd.
46 A.a.O., Seite 7284
47 A.a.O., Seite 7285

48 »Jetzt ist Demut angesagt«, Interview mit Erkki Liikanen, *Süddeutsche Zeitung* vom 3.11.2012
49 Protokoll der Bundestagssitzung vom 13.12.2012, a.a.O., Seite 26198
50 Nikolas Busse: »Lieber mit kleinen Töpfen kochen«, *Frankfurter Allgemeine Zeitung online*, 14.12.2012, http://www.faz.net/aktuell/politik/europaeische-union/eu-gipfel-lieber-mit-kleinen-toepfen-kochen-11993982.html, abgerufen am 15.12.2012
51 »EU-Kommission gibt Milliarden für spanische Banken frei«, *Spiegel online*, 20.12.2012, http://www.spiegel.de/wirtschaft/soziales/eu-kommission-gibt-milliarden-fuer-spanische-banken-frei-a-874081.html, abgerufen am 16.1.2013. Das häufig gebrauchte Argument, hier handele es sich um rückzahlbare Kredite, unterschlägt die Tatsache, dass auch Konjunkturprogramme sich in künftigen Staatseinnahmen wieder auszahlen.
52 Nikolaus Busse, a.a.O.
53 Bundestagsprotokoll vom 13.12.2012, a.a.O. Seite 26196
54 A.a.O., Seite 26198
55 Interview für die Zeitschrift *Regiopol*, herausgegeben von der Nord LB. Zitiert nach http://www.sven-giegold.de/2012/interview-zur-finanztransaktionssteuer-und-eurokrise/, abgerufen am 9.12.2012
56 »Der Einäugige unter den Blinden«, Interview mit Sven Giegold zur Verleihung des Karlspreises an Bundesfinanzminister Wolfgang Schäuble, *Aachener Nachrichten* vom 11.5.2012, zitiert nach http://www.sven-giegold.de/2012/sven-zur-verleihung-des-karlspreises-an-bundesfinanzminister-wolfgang-schauble/, abgerufen am 9.12.2012
57 »Finanzminister Schäuble steht zu Fitschen«. *Frankfurter Rundschau*, 18.12.2012
58 Bundestagsprotokoll vom 13. Dezember 2012, Seite 26199
59 A.a.O., Seite 26201

Wer hat, dem wird gegeben

1 Rede beim 20. Parteitag der CDU Deutschlands, a.a.O.
2 Rede beim 25. Parteitag der CDU Deutschlands, a.a.O.
3 In ihrer Regierungserklärung vom 10.11.2009 sagte Angela Merkel: »Wir wollen den Weg in das regenerative Energiezeitalter gemeinsam gehen. Das schließt allerdings die Erkenntnis ein, dass die Kernenergie für eine Übergangszeit als Brückentechnologie ein unverzichtbarer Teil unseres Energiemixes bleibt, und zwar so lange, bis sie durch erneuerbare Energien verlässlich ersetzt werden kann, damit wir nicht Strom aus Kernenergie aus Frankreich und Tschechien importieren müssen.« Stenografische Mitschrift des Deutschen Bundestages, Seite 37. http://dipbt.bundestag.de/dip21/btp/17/17003.pdf, abgerufen am 28.12.2012
4 Regierungserklärung vom 9.6.2011, http://dipbt.bundestag.de/dip21/btp/17/17114.pdf#P.12960, Seite 12960
5 Debatte zur Regierungserklärung vom 9.6.2011, a.a.O., Seite 12965
6 A.a.O., Seite 12974

7 »Top-Ökonomen werfen Regierung Planlosigkeit vor«, *Spiegel online*, 28.12.2012, http://www.spiegel.de/wirtschaft/energiewende-oekonomen-und-verbaende-kritisieren-bundesregierung-a-874899.html, abgerufen am 29.12.2012
8 »Regierungskommission kritisiert Rösler«, *Spiegel online*, 18.12.2012, http://www.spiegel.de/wirtschaft/soziales/regierungskommission-kritisiert-roesler-fuer-langsame-energiewende-a-873512.html, abgerufen am 29.12.2012
9 Bund für Umwelt und Naturschutz Deutschland: »Die Energiewende und das Märchen vom unbezahlbaren Strom«, Hintergrundpapier vom 15.10.2012, http://www.bund.net/fileadmin/bundnet/pdfs/klima_und_energie/121011_bund__klima_und_energie_strompreise_hintergrund.pdf, abgerufen am 29.12.2012
10 Ebd.
11 Bundesnetzagentur: Evaluierungsbericht vom März 2012, Seite 21, http://www.bundesnetzagentur.de/SharedDocs/Downloads/DE/BNetzA/Sachgebiete/Energie/ErneuerbareEnergienGesetz/EvaluierungsberichtAusglMechV/EvaluierungsberichtAusglMechV.pdf?__blob=publicationFile, abgerufen am 30.12.2012
12 Ebd.
13 Ebd.
14 Bund für Umwelt und Naturschutz, a.a.O., Seite 3
15 »Merkels Energiegipfel bleibt ohne konkrete Ergebnisse«, *Focus online*, 2.11.2012, http://www.focus.de/politik/deutschland/atomausstieg/viele-haende-keine-wende-merkels-energiegipfel-bleibt-ohne-konkrete-ergebnisse_aid_852136.html, abgerufen am 30.12.2012
16 Jörg Schindler:« Verbraucher sollen mit Milliarden für Offshore-Windparks haften«,*Spiegel online*, 28.11.2012, http://www.spiegel.de/politik/deutschland/offshore-windenergie-regierung-plant-milliarden-belastung-fuer-buerger-a-869669.html, abgerufen am 29.12.2012. Einen Tag später meldete *Spiegel online* die Verabschiedung des Gesetzes: »Jeder Haushalt soll 13 Euro extra pro Jahr zahlen«, *Spiegel online*, 29.11.2012, http://www.spiegel.de/wirtschaft/service/gesetz-zur-energiewende-bringt-weitere-kosten-fuer-verbraucher-a-870073.html, abgerufen am 29.12.2012. Zu Einzelheiten siehe auch das Protokoll des Deutschen Bundestages vom 29. 11. 2012, http://dipbt.bundestag.de/dip21/btp/17/17211.pdf#P.25631, abgerufen am 30.12.2012, Seiten 25631ff.
17 Debatte zur Regierungserklärung vom 9.6.2011, a.a.O., Seite 12975
18 Regierungserklärung vom 10.11.2009, a.a.O. Zu den Inhalten des Gesetzes siehe unter anderem den Wikipedia-Artikel »Wachstumsbeschleunigungsgesetz«, http://de.wikipedia.org/wiki/Wachstumsbeschleunigungsgesetz#cite_note-2, abgerufen am 3.1.2013
19 Siehe zum Beispiel: »SPD wittert Spendenaffäre«, *Handelsblatt online*, 18.1.2010, http://www.handelsblatt.com/politik/deutschland/umstrittener-hotel-bonus-spd-wittert-neue-parteispendenaffaere/3348178.html, abgerufen am 3.1.2013
20 »Erben in Deutschland – ein Blick ins kommende Jahrzehnt«. Hier zitiert nach STB-Web – Portal für Steuerberater, 8.7.2011, http://www.stb-web.de/news/article.php/id/4607, abgerufen am 3.1.2013

21 Regierungserklärung 2009, a.a.O.
22 Protokoll der 10. Sitzung des 17. Deutschen Bundestages vom 4.12.2009, http://dip21.bundestag.de/dip21/btp/17/17010.pdf, abgerufen am 3.1.2012, Seite 730
23 A.a.O., Seite 736
24 A.a.O., Seite 741
25 Mehr zum Thema Arbeit auf den Seiten 102 ff.
26 Ein beeindruckendes Dokument dieser Schule war beispielsweise der »Hamburger Appell«, den deutsche Wirtschaftswissenschaftler 2005 veröffentlichten, siehe http://www.wiso.uni-hamburg.de/fileadmin/wiso_vwl_iwk/paper/appell.pdf, abgerufen am 4.1.2013. Die Unterzeichnerliste, darunter bekannte Propagandisten der herrschenden Lehre wie Hans-Werner Sinn, Michael Hüther und Thomas Straubhaar, findet sich unter http://www.wiso.uni-hamburg.de/professuren/wachstum-und-konjunktur/hamburger-appell/unterzeichner/, abgerufen am 4.1.2013.
27 Interview im Deutschlandfunk am 22.12.2012, http://www.dradio.de/dlf/sendungen/interview_dlf/1958163/, abgerufen am 4.1.2013
28 Ebd.
29 So zum Beispiel das *Manager Magazin* in seiner Online-Ausgabe vom 17.9.2012, http://www.manager-magazin.de/politik/weltwirtschaft/0,2828,855660-3,00.html, abgerufen am 4.1.2013
30 Bofinger, a.a.O.
31 Siehe dazu den Entwurf zum Armuts- und Reichtumsbericht der Bundesregierung, Stand vom 21.11.2012, http://www.sozialpolitik-aktuell.de/tl_files/sozialpolitik-aktuell/_Politikfelder/Einkommen-Armut/Dokumente/ARB_der_BR_vom_%2021112012.pdf, Seite XI, abgerufen am 7.1.2013
32 Hans Christian Müller: »Rot-grüne Reformen nutzten vor allem den Reichen«, *Handelsblatt online*, 20.8.2012, http://www.handelsblatt.com/politik/oekonomie/nachrichten/steuern-rot-gruene-reformen-nutzten-vor-allem-den-reichen/7020630.html, abgerufen am 7.1.2013
33 Josef Joffe: »Lasst die ›Reichen‹ in Ruhe«, *Die Zeit*, 1.9.2011
34 Gerhard Bosch: »Prekäre Beschäftigung und Neuordnung am Arbeitsmarkt«, Institut Arbeit und Qualifizierung an der Universität Duisburg-Essen im Auftrag der IG Metall, September 2012, http://www.igmetall.de/cps/rde/xbcr/internet/docs_ig_metall_xcms_191558__2.pdf, Seite 5, abgerufen am 6.1.2013
35 Sven Böll: »Steuerparadies Deutschland«, *Spiegel online*, 24.8.2010, http://www.spiegel.de/wirtschaft/soziales/finanzierung-des-staates-steuerparadies-deutschland-a-711328.html, abgerufen am 8.1.2013
36 Daniela Vates: »Einschwören auf den Feind«, *Frankfurter Rundschau online*, 6.1.2013, http://www.fr-online.de/politik/cdu-vorstandsklausur-wilhemshaven-einschwoeren-auf-den-feind,1472596,21398160.html, abgerufen am 8.1.2013
37 Mehr dazu im letzten Kapitel, Seiten 130 ff.
38 Rede beim 25. CDU-Parteitag 2012, a.a.O.
39 Statistisches Bundesamt: »Verdienste und Arbeitskosten«, 3. Vierteljahr 2012, erschienen am 21.12.2012, https://www.destatis.de/DE/Publikationen/Thematisch/VerdiensteArbeitskosten/ReallohnNetto/Real

lohnindexPDF_5623209.pdf?__blob=publicationFile, abgerufen am 5.1.2013.
40 Die »Arbeitsproduktivität« pro Stunde stieg von 1991 bis 2011 um 34,8 Prozent (pro Arbeitnehmer »nur« um 22,7 Prozent, da die Zahl der Arbeitsstunden pro Person zurückging). Statistisches Bundesamt, Pressemitteilung vom 30.4.2012, https://www.destatis.de/DE/PresseService/Presse/Pressemitteilungen/2012/04/PD12_149_811.html, abgerufen am 5.1.2013
41 Statistisches Bundesamt: »Statistisches Jahrbuch 2012«, https://www.destatis.de/DE/Publikationen/StatistischesJahrbuch/Statistisches-Jahrbuch2012.pdf?__blob=publicationFile, Seite 323, abgerufen am 5.1.2013. Die Ausnahme war das Krisenjahr 2009, als die Unternehmen weniger produzierten, aber ihre Arbeitnehmer mit Hilfe des Staates (zum Beispiel Kurzarbeitergeld) oft hielten und weiter bezahlten.
42 Statistisches Jahrbuch 2012, a.a.O., Seite 321
43 Nicht zu verwechseln mit den zuvor erwähnten Reallöhnen. Der Unterschied erklärt sich vor allem dadurch, dass zur Ermittlung der Reallöhne von den Bruttolöhnen die Geldentwertung abgezogen wird, um die reale Kaufkraft zu ermitteln. So ergibt zum Beispiel ein Bruttolohn-Plus von 3 Prozent bei einer Inflationsrate von 2 Prozent eine Reallohnerhöhung von einem Prozent.
44 Siehe hierzu die sehr übersichtliche Seite www.sozialpolitik-aktuell.de des Instituts Arbeit und Qualifikation (IAQ) an der Universität Duisburg-Essen. Die Angaben zum Verhältnis zwischen Lohn- und Gewinnentwicklung finden sich unter http://www.sozialpolitik-aktuell.de/tl_files/sozialpolitik-aktuell/_Politikfelder/Einkommen-Armut/Datensammlung/PDF-Dateien/abbIII1a.pdf, abgerufen am 4.1.2013
45 http://www.sozialpolitik-aktuell.de/tl_files/sozialpolitik-aktuell/_Politikfelder/Einkommen-Armut/Datensammlung/PDF-Dateien/abbIII54.pdf, abgerufen am 4.1.2013
46 Ebd.
47 Statistisches Bundesamt: Tabelle »Atypische Beschäftigung«, https://www.destatis.de/DE/ZahlenFakten/GesamtwirtschaftUmwelt/Arbeitsmarkt/Erwerbstaetigkeit/Arbeitskraefteerhebung/Tabellen/AtypischeBeschaeftigungZeit.html, abgerufen am 5.1.2013
48 Die Zahl ging von 4,9 Millionen auf 3,0 Millionen zurück. Siehe zum Beispiel Bundeszentrale für politische Bildung: »Arbeitslose und Arbeitslosenquote«, 28.1.2012, http://www.bpb.de/nachschlagen/zahlen-und-fakten/soziale-situation-in-deutschland/61718/arbeitslose-und-arbeitslosenquote, abgerufen am 6.1.2013
49 Als Niedriglohngrenze galt im Jahr 2010 ein Stundenlohn von 9,15 Euro, das sind bei einer 40-Stunden-Woche gut 1600 Euro brutto im Monat. Siehe hierzu die bereits im vorigen Kapitel erwähnte, hervorragende Studie von Gerhard Bosch, a.a.O., Seite 3
50 Ebd.
51 A.a.O., Seite 5
52 A.a.O., Seite 9
53 A.a.O., Seite 6
54 Ebd.
55 Von 2000 bis 2011 verringerte sich diese Zahl von fast 1,5 Millionen auf knapp 900 000 Personen. Siehe Bundesagentur für Arbeit: »Sockel- und

Langzeitarbeitslosigkeit«, http://statistik.arbeitsagentur.de/Statischer-Content/Arbeitsmarktberichte/Berichte-Broschueren/Arbeitsmarkt/Generische-Publikationen/Sockel-und-Langzeitarbeitslosigkeit-2011.pdf, abgerufen am 6.1.2013, Seite 5

56 A.a.O., Seite 9
57 Klaus Boffo: »Arbeitsmarktzahlen für Dezember 2012«, Deutschlandfunk, 3.1.2012, nachzuhören unter http://www.dradio.de/aod/html/?station=1&broadcast=196843&page=3&, abgerufen am 7.1.2013
58 Bundesagentur für Arbeit, a.a.O., Seite 12f.
59 »Lebenslagen in Deutschland«, Entwurf des 4. Armuts- und Reichtumsberichts der Bundesregierung, Stand 17.9.2012, http://www.sozialpolitik-aktuell.de/tl_files/sozialpolitik-aktuell/_Politikfelder/Einkommen-Armut/Dokumente/Entwurf%204.%20Armutsbericht%20der%20Bundesregierung%2017.9.2012.pdf, Seite XX, abgerufen am 7.1.2013
60 »Lebenslagen in Deutschland«, Entwurf des 4. Armuts- und Reichtumsberichts der Bundesregierung, Stand 21.11.2012, http://www.sozialpolitik-aktuell.de/tl_files/sozialpolitik-aktuell/_Politikfelder/Einkommen-Armut/Dokumente/ARB_der_BR_vom_%2021112012.pdf, Seite 336, abgerufen am 7.1.2013
61 Thomas Öchsner: »Bundesregierung schönt Armutsbericht«, *Süddeutsche Zeitung online*, 28.11.2012, http://www.sueddeutsche.de/politik/einkommensverteilung-in-deutschland-bundesregierung-schoent-armutsbericht-1.1535166, abgerufen am 7.1.2013
62 Regierungserklärung vom 10.11.2009, a.a.O., Seite 34
63 Siehe Seite 71 f.
64 Bundesministerium für Arbeit und Soziales: »Ratgeber zur Rente«, Stand August 2012, Seite 107ff., http://www.bmas.de/SharedDocs/Downloads/DE/PDF-Gesetze/a815-ratgeber-zur-rente-258.pdf?__blob=publicationFile, abgerufen am 8.1.2013
65 Rede beim 25. CDU-Parteitag in Hannover, a.a.O.
66 Siehe zu diesen Aspekten Ernst Kistler/Falko Trischler: »Altersarmut und Methusalem-Lüge«, in: Christoph Butterwegge/Gerd Bosbach/Matthias W. Birkwald (Hg.): *Armut im Alter*, Frankfurt am Main, Campus, 2012, Seite 167ff.
67 Gerd Bosbach: »Produktivität schlägt Demografie«, Deutschlandradio Kultur, 30.10.2012, http://www.dradio.de/dkultur/sendungen/politischesfeuilleton/1906997/, abgerufen am 8.1.2013
68 Ebd.
69 Ebd.
70 Seit dem 1. Januar 2013 zahlt der Staat nach dem Vorbild der Riester-Rente einen Zuschuss für private Pflegeversicherungen. Thorsten Rudnik vom Vorstand des Bundes der Versicherten: »Es ist nicht nachvollziehbar, warum man der privaten Versicherung ein solches Geschenk macht. Es wäre sinnvoller gewesen, das Geld in die gesetzliche Pflegeversicherung zu stecken.« Siehe Barbara Dribbusch: »Wette auf die Gebrechlichkeit«, *die tageszeitung online*, 18.12.2012, http://www.taz.de/!107605/, abgerufen am 8.1.2013
71 So wurde unter der ersten Regierung Merkel die paritätische Finanzierung endgültig aufgegeben: Seit Anfang 2009 zahlt vom Beitrag in

Höhe von 15,5 Prozent der Arbeitnehmer 8,2 und der Arbeitgeber nur 7,3 Prozent. Schon vorher gab es einseitige Belastungen der Versicherten durch Rezeptgebühren und andere Zuzahlungen, und hinzu kommen – falls die lahmende Konjunktur die Beitragseinnahmen verschlechtert – früher oder später auch Zusatzbeiträge. Gemessen daran ist die Abschaffung der Praxisgebühr, die die FDP vor allem zur Befreiung der Ärzte von Bürokratielasten durchsetzte, eine nur geringe Entlastung.

Wir Untertanen

1 Koalitionsvertrag vom 26.10.2009, a.a.O., Seite 7
2 Zum Inhalt der »Otto-Kataloge« siehe Jochen Bittner: »Pakete voller Sicherheit«, Zeit online, ohne Datum, http://www.zeit.de/2001/44/200144_polizei_schily-k.xml, abgerufen am 11.1.2013. Eine Bilanz der nachfolgenden Gesetze zieht Rolf Clement: »Zwischen Freiheit und Sicherheit«, Deutschlandfunk, 8.9.2011, http://www.dradio.de/dlf/sendungen/hintergrundpolitik/1549809/, abgerufen am 11.1.2013
3 Eine gute Übersicht bietet hier zum Beispiel Matthias Monroy: »Alles unter einem Dach«, Netzpolitik.org, 20.12.2012, https://netzpolitik.org/2012/alles-unter-einem-dach-innenministerkonferenz-will-gemeinsames-extremismus-und-terrorismusabwehrzentrum-nach-berlin-verlegen/, abgerufen am 11.1.2013
4 Siehe Heribert Prantl: »Gegen den Sicherheitsstaat«, Süddeutsche Zeitung online, 17.5.2010, http://www.sueddeutsche.de/politik/bka-gesetz-gegen-den-sicherheitsstaat-1.405592, abgerufen am 11.1.2013
5 Zu den Inhalten des Gesetzes siehe Beck-aktuell Gesetzgebung: »BKA-Gesetz«, http://gesetzgebung.beck.de/news/bka-gesetz-online-durchsuchung, abgerufen am 11.1.2013
6 Presseerklärung des Bundesbeauftragten für den Datenschutz vom 21.11.2012, http://www.bfdi.bund.de/DE/Oeffentlichkeitsarbeit/Pressemitteilungen/2012/25_EvaluationsleitfadenBfDI.html?nn=408908, abgerufen am 11.1.2013
7 Rede anlässlich der Einweihung des Denkmals am 24.10.2012, http://www.bundeskanzlerin.de/Content/DE/Rede/2012/10/2012-10-24-merkel-denkmal.html, abgerufen am 9.1.2013
8 Beschluss des 77. CSU-Parteitages in München am 19./20.10.2012, http://www.csu.de/dateien/partei/beschluesse/121020_beschluss-asylrecht.pdf, abgerufen am 9.1.2013
9 »Friedrich will Roma-Zustrom aufhalten«, N24 online, 25.10.2012, http://www.n24.de/news/newsitem_8319576.html, abgerufen am 10.1.2013
10 Siehe Bundesamt für Migration und Flüchtlinge: »Aktuelle Zahlen zu Asyl«, Ausgabe Dezember 2012, http://www.bamf.de/SharedDocs/Anlagen/DE/Downloads/Infothek/Statistik/statistik-anlage-teil-4-aktuelle-zahlen-zu-asyl.pdf?__blob=publicationFile, abgerufen am 24.1.2013

11 Siehe zum Beispiel Ralf Borchard: »Ein Teufelskreis aus Armut und Diskriminierung«, Tagesschau.de, 24.10.2012, http://www.tagesschau. de/ausland/sinti-roma100.html, abgerufen am 10.1.2013
12 Rede am 24.10.2012, a.a.O.
13 Siehe »Winterabschiebestopp für Roma nicht nur in Thüringen, Schleswig-Holstein und Rheinland-Pfalz«, Presseerklärung von Pro Asyl, 21.12.2012, http://www.proasyl.de/de/presse/detail/news/winterab schiebestopp_roma_nicht_nur_in_thueringen_schleswig_holstein_ und_rheinland_pfalz/, abgerufen am 10.1.2013
14 So beklagte sich Innenminister Friedrich im März 2012 gemeinsam mit einigen EU-Kollegen über die mangelnde Abschottung an den griechischen EU-Außengrenzen und forderte strengere Kontrollen. Siehe »Europa drängt Griechen zu besserem Grenzschutz«, *Spiegel online*, 8.3.2012, http://www. spiegel.de/politik/ausland/fluechtlingsstrom-europa-draengt-griechen-zu-besserem-grenzschutz-a-820097.html, abgerufen am 17.1.2013
15 Bei der Wahl zum Unwort des Jahres landete diese Formulierung auf Platz zwei. Siehe z.B. »Das Unwort des Jahres 2009 steht fest«, *Welt online*, 19.1.2010, http://www.welt.de/kultur/article5893478/Das-Unwort-des-Jahres-2009-steht-fest.html, abgerufen am 10.1.2013
16 Die Organisation »United against Racism« zählte von 1993 bis Sommer 2012 mehr als 16 000 Opfer. Siehe »List of 16264 documented refugee deaths through Fortress Europe«, 13.6.2012, http://www.unitedagainst racism.org/pdfs/listofdeaths.pdf, abgerufen am 10.1.2013
17 Klaus J. Bade: »Ausländer- und Asylpolitik in der Bundesrepublik Deutschland«, in: *Einwanderungsland Deutschland. Tagung der Friedrich-Ebert-Stiftung am 14./15. Mai 1992 in Potsdam*, Forschungsinstitut der Friedrich-Ebert-Stiftung, Bonn 1992, Seite 58, online unter http:// library.fes.de/fulltext/asfo/01011002.htm, abgerufen am 10.1.2013
18 http://www.bundesregierung.de/Content/DE/_Anlagen/IB/2012-01-31-nap-gesamt-barrierefrei.pdf?__blob=publicationFile&v=5, abgerufen am 10.1.2013
19 So liegt die Armutsquote der unter 18-Jährigen insgesamt bei knapp 19 Prozent, bei Einwandererkindern sind es – trotz leichter Verbesserung in den vergangenen Jahren – noch immer mehr als 30 Prozent. Siehe zum Beispiel: »Junge Migranten deutlich häufiger armutsgefährdet«, *Migazin – Migration in Germany*, 20.12.2012, http://www.miga zin.de/2012/12/20/junge-migranten-deutlich-haufiger-armutsgefahr det/, abgerufen am 10.1.2013
20 »Die Gesellschaft ist vergiftet«, Interview mit Wilhelm Heitmeyer, *Der Spiegel*, 12.12.2011
21 Rede bei der Gedenkveranstaltung für die NSU-Opfer am 23.2.2012 in Berlin, http://www.bundeskanzlerin.de/Content/DE/Rede/2012/02/ 2012-02-23-bkin-gedenkveranstaltung.html, abgerufen am 9.1.2013
22 Koalitionsvertrag vom 26.10.2009, a.a.O., Seite 118
23 A.a.O., Seite 125f.
24 Nach Angaben des Stockholmer Friedensforschungsinstituts Sipri, zitiert in: »Deutschland will Saudi-Arabien Kampfpanzer liefern«, *Spiegel online*, 2.7.2011, http://www.spiegel.de/politik/deutschland/waffen-deal-deutschland-will-saudi-arabien-kampfpanzer-liefern-a-771989. html, abgerufen am 13.1.2013

25 Ebd.
26 »Saudi-Arabien will erneut deutsche Panzer kaufen«, *Spiegel online*, 2.12.2012, http://www.spiegel.de/politik/ausland/saudi-arabien-will-hunderte-boxer-panzer-kaufen-a-870459.html, abgerufen am 13.1.2013
27 Siehe zum Beispiel: »Saudi-Arabien verhandelt über neuen Panzerdeal«, *Spiegel online*, 30.12.2012, http://www.spiegel.de/politik/deutschland/saudi-arabien-moeglicher-weiterer-deal-mit-deutscher-ruestungsindustrie-a-875137.html, abgerufen am 14.1.2013
28 »Waffenexporte nach Saudi-Arabien könnten Region stabilisieren«, *Handelsblatt online*, 21.9.2012, http://www.handelsblatt.com/politik/deutschland/de-maiziere-waffenexporte-nach-saudi-arabien-koennten-region-stabilisieren/7162972.html, abgerufen am 13.1.2013
29 Ebd.
30 Länder-Info des Auswärtigen Amts, Stand Oktober 2012, http://www.auswaertiges-amt.de/DE/Aussenpolitik/Laender/Laenderinfos/Saudi-Arabien/Innenpolitik_node.html, abgerufen am 13.1.2013
31 »Merkel verteidigt Waffenexporte als Mittel zur Friedenssicherung«, *Zeit online*, 22.10.2012, http://www.zeit.de/politik/deutschland/2012-10/bundeswehr-merkel-strategie-waffenlieferungen, abgerufen am 13.1.2013
32 Deutscher Bundestag, Protokoll der Sitzung vom 12.12.2012, http://dipbt.bundestag.de/dip21/btp/17/17213.pdf#P.26137, Seite 26139, abgerufen am 13.1.2013
33 »De Maizière will Veteranentag im Mai«, *Spiegel online*, 3.4.2012, http://www.spiegel.de/politik/deutschland/verteidigungsminister-de-maiziere-schlaegt-veteranentag-am-22-mai-vor-a-825589.html, abgerufen am 13.1.2013
34 »Scharfe Kritik an Libyen-Enthaltung«, n-tv online, 20.3.2011, http://www.n-tv.de/politik/Scharfe-Kritik-an-Libyen-Enthaltung-article2898526.html, abgerufen am 13.1.2013
35 Siehe Seite 31 ff.
36 »Klar, Genuss muss sein«. Interview mit Oliver Kahn, *Frankfurter Rundschau online*, 21.12.2012, http://www.fr-online.de/panorama/interview-oliver-kahn-klar-genuss-muss-sein,1472782,21164894.html, abgerufen am 12.1.2013
37 Deutscher Bundestag, Protokoll der Sitzung vom 15.9.2010, http://dipbt.bundestag.de/dip21/btp/17/17058.pdf#P.6038, Seite 6045, abgerufen am 12.1.2013
38 Zu seiner Kehrtwende und ihren machtpolitischen Motiven siehe Stephan Hebel: »Grenzenlos geschmeidig«, *Frankfurter Rundschau online*, 14.12.2012, http://www.fr-online.de/meinung/leitartikel-gnadenlos-geschmeidig,1472602,21115186.html, abgerufen am 12.1.2013
39 Roland Roth: *Bürgermacht – eine Streitschrift für mehr Partizipation*, Edition Körber Stiftung, Hamburg 2011, Seite 18
40 A.a.O., Seite 14f.
41 Claus Leggewie: *Mut statt Wut. Aufbruch in eine neue Demokratie*, Edition Körber Stiftung, Hamburg 2011, Seite 143
42 A.a.O., Seite 147
43 Als eines von vielen Beispielen mag Mannheim gelten, wo bei der zivilen Umnutzung ehemaliger US-Militärflächen eine frühzeitige Bürger-

beteiligung erprobt wird. Siehe dazu Stephan Hebel: »Mannheim soll schöner werden«, *Frankfurter Rundschau online*, 30.7.2012, http://www.fr-online.de/panorama/nach-abzug-der-us-armee-mannheim-soll-schoener-werden,1472782,16756240.html, abgerufen am 12.1.2013

44 Bundesministerium für Verkehr, Bau und Stadtentwicklung: *Handbuch für eine gute Bürgerbeteiligung*, http://www.bmvbs.de/cae/servlet/contentblob/81212/publicationFile/65799/handbuch-buergerbeteiligung.pdf, Seite 5, abgerufen am 12.1.2013

45 A.a.O., Seite 14

46 Presseerklärung vom 6.11.2012, https://docs.google.com/folder/d/0BwAE_p8ePlO3a2xfYktPd1Y2NEU/edit?pli=1#docId=0Bw3T_V1tOYlvT2JPb3RFQUV2eTA, abgerufen am 12.1.2013

Die andere Mehrheit

1 Siehe zum Beispiel »Steinbrück fällt weit hinter Merkel zurück«, *Zeit online*, 11.1.2013, http://www.zeit.de/politik/deutschland/2013-01/peer-steinbrueck-umfrage-zustimmung, abgerufen am 14.1.2013

2 »Deutsche verlieren Vertrauen in Merkels Regierung«, *Spiegel online*, 18.11.2012, http://www.spiegel.de/politik/deutschland/umfrage-deutsche-haben-kaum-noch-vertrauen-in-die-regierung-a-867891.html, abgerufen am 14.1.2013

3 ARD-Deutschlandtrend, 10.1.2013, http://www.tagesschau.de/inland/deutschlandtrend1638.html, abgerufen am 14.1.2013

4 Genaue Ergebnisse unter http://www.aktuelle-wahlen-niedersachsen.de/LW2013/000.html, abgerufen am 24.1.2013

5 Siehe dazu Stephan Hebel: »Occupy setzt öffentliches Zeichen«, *Frankfurter Rundschau online*, 27.7.2012, http://www.fr-online.de/meinung/leitartikel-zu-occupy-occupy-setzt-oeffentliches-zeichen,1472602,16732590.html, abgerufen am 11.1.2013

6 Der Ausspruch stammt wahrscheinlich ursprünglich von der US-amerikanischen Anarchistin Emma Goldman (»If voting changed anything, they'd make it illegal.«), siehe Wikipedia-Artikel Emma Goldman, http://de.wikipedia.org/wiki/Emma_Goldman, abgerufen am 14.1.2013. Angezweifelt wird dagegen die Zuschreibung als Zitat von Kurt Tucholsky: Wikiquote, »Diskussion: Kurt Tucholsky«, http://de.wikiquote.org/wiki/Diskussion:Kurt_Tucholsky, abgerufen am 14.1.2013

7 Siehe zum Beispiel den gemeinsamen Antrag von SPD und Grünen im Bundestag vom 12.12.2012, http://dip21.bundestag.de/dip21/btd/17/118/1711878.pdf, und Fraktion Die Linke im Bundestag: »Eurokrise und Eurorettung«, http://www.linksfraktion.de/themen/eurokrise-eurorettung/, beide abgerufen am 14.1.2013

8 »Wie Steinbrück die Banken bändigen will«, *Spiegel online*, 25.9.2012, http://www.spiegel.de/wirtschaft/soziales/positionspapier-wie-steinbrueck-die-banken-baendigen-will-a-857929.html; Pressemitteilung der Grünen vom 26.9.2012, http://www.gruene-bundestag.de/presse/pressemitteilungen/2012/september/trennbanken-system-willkom

men-im-club-spd_ID_4385473.html; Presseerklärung von Axel Troost (Linke), 26.9.2012, http://www.die-linke.de/index.php?id=251&tx_ttnews[tt_news]=19697&tx_ttnews[backPid]=35&no_cache=1, alle abgerufen am 14.1.2013

9 SPD: »Was ist gerecht?«, http://www.spd.de/themen/76408/gerechte_gesellschaft.html; Presseerklärung von Lisa Paus (Grüne), 20.9.2012, http://www.gruene-bundestag.de/presse/pressemitteilungen/2012/september/bundesregierung-ohne-konzept-zur-vermoegensbesteuerung_ID_4385391.html; Katja Kipping/Bernd Riexinger: »Ruder jetzt rumreißen«, Positionspapier vom 23.11.2012, http://www.die-linke.de/fileadmin/download/nachrichten/2012/121123_konjunkturprogramm.pdf, alle abgerufen am 14.1.2013

10 SPD: »Sozial – Markt – Wirtschaft«, http://www.spd.de/themen/76366/arbeit_wirtschaft_und_energie.html; Die grüne Position: »Grüne Arbeitsmarktpolitik«, http://www.gruene-bundestag.de/themen/arbeit/gruene-arbeitsmarktpolitik-309089_ID_309089.html; Presseerklärung von Gregor Gysi, 24.12.2012, http://www.linksfraktion.de/pressemitteilungen/2013-muss-jahr-mindestlohns-lohnoffensive-werden/, alle abgerufen am 14.1.2013

11 Siehe zum Beispiel: »Vorschläge aus Parteien in der Diskussion«, in: Butterwegge u.a. (Hg.): *Armut im Alter*, a.a.O., Seite 283ff.

12 »Mit klarer Peilung in den Wahlkampf«, Interview in der *Passauer Neuen Presse*, 22.12.2012, http://www.spd.de/aktuelles/85054/20121222_steinbrueck_interview_pnp.html; Bündnis 90/Die Grünen: »Kontrolle verbessern«, 24.5.2012, http://www.gruene-bundestag.de/themen/sicherheitspolitik/kontrolle-verbessern_ID_4383954.html; Rede von Inge Höger am 22.11.2012 im Deutschen Bundestag, http://www.linksfraktion.de/reden/frieden-laesst-sich-nicht-herbeibomben/, alle abgerufen am 14.1.2013

13 Damals erreichten die SPD 34,2, die Grünen 8,1 und die Linke 8,7 Prozent, zusammen also genau 51 Prozent.

14 Koalitionsvertrag von 2009, a.a.O., Seite 37

15 A.a.O., Seite 49

16 Grundgesetz für die Bundesrepublik Deutschland, http://www.bundestag.de/bundestag/aufgaben/rechtsgrundlagen/grundgesetz/gg_06.html, abgerufen am 14.1.2013

17 Der Pakt berührt die im Grundgesetz festgeschriebene »Schuldenbremse« und bedurfte deshalb einer Zwei-Drittel-Mehrheit. Siehe zum Beispiel »Merkel braucht Zwei-Drittel-Mehrheit für Fiskalpakt«, *Frankfurter Rundschau online*, 03.03.2012, http://www.fr-online.de/politik/schuldenkrise-merkel-braucht-zwei-drittel-mehrheit-fuer-fiskalpakt,1472596,11756670.html, abgerufen am 15.1.2013

288 Seiten
ISBN 978-3-86489-023-9
€ 19.99

Schützenhilfe für die 99 Prozent

Hans-Jürgen Krysmanski gewährt in seinem Buch Einblicke in die Welt der Superreichen und zeigt, wie ultimative Geldmacht ganz normale Ansichten, Lebensentwürfe und Verhaltensweisen zutiefst verändert. Was bedeutet die Konzentration ultimativer Geldmacht? Wer sind diese Superreichen? Wie leben sie? Krysmanski geht diesen und der alles entscheidenden Frage nach: Was macht unbegrenzter Reichtum aus den Superreichen, aus uns und unserem demokratischen Gemeinwesen?

256 Seiten
ISBN 978-3-86489-035-2
€ 17.99

Bewundert und gefürchtet – wie uns die anderen sehen

Zwischen Neid, Bewunderung und Erstaunen – wie sehen uns aktuell die Menschen in anderen Ländern? Hat Deutschland politisch, wirtschaftlich, kulturell eine Vorbildfunktion oder nicht? Machen wir den anderen noch oder wieder Angst? Tun wir international genug oder verspielen wir gerade Vertrauenspotential? Ist Deutschland der Retter der Eurozone oder der Zerstörer? Hanni Hüsch und vierzehn Auslandskorrespondenten haben Meinungen und Ansichten eingeholt von Polen bis Griechenland, von China bis Brasilien, und vielschichtige, berührende und beruhigende, oft überraschende Antworten über uns Deutsche erhalten.